Management &
Biz Strategy
for
Small Company

최 대 현

대산연구소

5~6인 회사의 경영과 사업전략
Management & Biz Strategy for Small Company

2005년 6월 20일 초판 발행

지은이 최병문
부산출생
중앙고등학교 졸업
성균관대학교 법과대학 졸업
대산연구소, 와이티산업(주) 대표
저서
사업정보 (대산연구소 1992)
사표폭동 (도서출판 미투 1993)
사업은 승부다, 이것만은 알고 하자 (도서출판 새날 1995)
작은 회사의 마케팅과 세일즈 (더난출판사 1995)
홈비즈니스로 돈을 법시다 (도서출판 새날 1996)
역서
마쓰시다의 경영문답 (도서출판 나무생각 2003)

발행인 최병문
발행처 대산연구소
100-855 서울 중구 장충동 2가 190-5 폴리빌딩
회사블로그 http://kr.blog.yahoo.com/bmchoi97
회사이메일 polybd@kornet.net
일반전화 02-2271-3117
휴대전화 011-274-1279
팩스 02-2264-9029
출판등록 1987년 12월 12일 제 2-394호

가격 15,000원

ISBN 89-87653-30-7

잘못 만들어진 책은 구입처에서 교환해 드립니다.

서문

　우리나라의 인구는 약 4천6백만 명이다. 여기에 북한 지역과 해외에 나가있는 동포들까지 모두 합치면 7천5백만 명쯤 된다. 해석하기에 따라서는 너무 많다고 보는 입장도 있겠지만, 필자의 생각으로는 너무 적은 인구 수라는 느낌마저 든다.

　우리 한민족이 지금처럼 외세에 시달리지 않고 살아갈 수 있으려면 최소한 1억5천만 명은 넘어서야만 한다. 세계에서 힘깨나 쓴다는 민족치고 1억 또는 2억 이상의 인구 수도 못되는 나라가 과연 몇 개나 되겠는가?

　이렇게 말하니까 지금도 많은 인구 때문에 가뜩이나 먹고 살기 힘든 데, 그렇게 많은 사람들을 어떻게 먹여 살리려고 그러느냐고 반문하시는 분들이 있을런지도 모른다.

　그러나 그것은 전혀 문제가 되지 않는다. 기업고용을 늘릴 수 있는 다양한 형태의 작은 기업들을 활성화시키면 문제는 간단히 해결된다.

　중국이 12억이라는 과잉인구때문에 맥을 못 추고 있는 것 같아도 지금과 같은 경제 중시 정책을 앞으로 10년 정도만 더 밀고 나간다면 2천 년대 중반쯤 가서는 세계 최강국으로 부상할 것이다.

　중국에는 머리카락 한 올에 복잡하기 짝이 없는 한자를 100여 자나 새길 수 있는 기능인부터 시작해서 핵 폭탄을 만들어

낼 수 있는 고급 과학자까지 무수히 많은 인재들이 있다.

그 수많은 인재들이 기업이라는 활동의 틀로 엮어져 발휘해 낼 힘을 한번 상상해 보라. 소름끼칠 정도다.

미국을 보자. 그들이 겉으로는 세계의 지도자 역할을 자임하고 있느니 어쩌니 해도 그 속을 들여다보면 「Only U.S.A」 밖에 없는 나라다. 미국의 정치 군사 체제는 자국의 기업 및 비즈니스맨들을 철저히 보호하고 도와주는 체제로 구성되어 있으며, UR 협상에서 보여 주었듯이 이 원칙에 도전하는 나라는 어떤 형태로든 제재를 받게 된다.

일본도 마찬가지다. 그들은 약 15만 가지의 사업거리를 가지고 보수 정치인들과 전문 대기업들을 중심으로 일사불란하게 움직여 1945년 패망 후 불과 반 세기 만에 세계 최고의 부국이 되었다.

이처럼 각국의 정치, 군사 등 모든 권력 부문이 기업가들을 지원하는 이유는, 그 기업가들이 권력의 기둥이 되는 국민들을 먹여 살리고 있고, 그 국가나 민족의 확대 재생산 구조와 능력을 지속적으로 넓히고 고양시키는 중차대한 역할을 담당하고 있기 때문이다.

따라서 수어지교(水漁之交)라는 말처럼 풍부한 돈벌이 노하우를 가진 기업가인 물고기와 국가 정책과 같은 기업 환경인 물이 적절하게 매치된다면 그 국가와 민족의 발전은 실로 눈부실 것이다.

이제 우리 나라의 경우를 살펴보자. 우리 나라는 2백11만여 개의 법인 및 개인 사업체가 약 1만5천 여 종의 사업 아이템을 가지고 국내외의 여러 어려운 사업 환경 속에서도 마치 날줄과 씨줄로 비단을 짜듯 운영하고 있다.

그런데 문제는 그 만들어진 비단이 너무 거칠다는 데 있다. 그 비단을 곱게 만들자면 사업거리도 한 10만 개쯤으로 많아져야겠지만, 정부도 기업 그 중에서도 작은 기업들이 활성화되도록 신경을 조금 더 써주어야 한다.

말이 나왔으니까 얘기지만, 우리 나라 2백11만 여 개의 기업체 중 85% 이상을 차지하는 1백7십여 만 개의 작은 사업체들은 그 동안 너무 홀대를 받아 왔다. 재벌들은 쉽게 갖다 쓰는 은행 돈을 제대로 빌려 써본 적도 없었고, 그 흔해빠진 산업 표창 한번 받아 보지도 못했다.

사실 대여섯 명 규모의 기업을 조금만 도와주어 한 사람 씩만 더 고용할 수 있도록 해주면 순식간에 1백70여만의 고용 창출 효과를 거둘 수 있고, 조금 더 지원해 주면 말썽꾸러기인 문어발 재벌을 전문 대기업으로 전환시키는 데 따른 실업 문제도 무리 없이 해결할 수 있을 텐데 말이다.

이렇게 되면 모양이 좀 좋은가? 전문 대기업은 고도의 기술 집약적 산업에 매진하고 작은 기업들은 그 밑에서 열심히 받쳐 주고. 그러면 아무리 어려운 경제 상황이 닥친다고 하더라도, 우리 우수한 한민족의 역량이라면 당장 5년 내에 일본과 같은 경제 대국이 될 수 있을 텐데…….

그러나 지금과 같은 여건하에서라면 우리 나라의 장래도 그렇지만, 작은 기업도 별도리가 없다. 죽으나 사나 오직 자신의 몸뚱어리를 재산으로 삼아 열심히 기술 개발하고 열심히 마케팅해서 살아가는 수밖에 별 뾰족한 수가 없는 것이다.

이 책은 이상과 같은 문제 의식을 가지고, 특히 아래와 같은 점에 중점을 두고 쓰여졌다.

1. 현대와 같은 경제 전쟁의 시기가 아니더라도 작은 5~6인 규모의 회사는 이리 채이고 저리 채일 수밖에 없는 존재들이다.

따라서 그 어려움을 이겨내고 종업원들의 살림을 책임질 수 있으려면 5~6인 규모의 회사의 사장은, 경영 마인드의 문제로, 독하고 강하지 않으면 안 된다.

이 책에서는 그 이유를 구체적 사례를 들어 설명하고 강조했고, 작은 회사 운영의 한 축으로 삼았다.

2. 이렇다 할 돈벌이 시스템을 갖추지 못한 5~6인 규모의 회사는 마케팅에 전력을 다하지 않으면 안 된다.

그 때문에 마케팅의 중요성을 가장 앞세웠고, 아이템 개발 등 여타 경영 사항들을 마케팅의 관점에서 설명했다.

3. 현대는 누가 뭐라고 해도 정보 사회다. 정보를 하나라도 더 정확하게 알아야 남보다 앞서갈 수 있다.

이 점은 규모가 작은 회사도 예외일 수는 없다. 이런 의미에서 5~6인 규모의 회사를 경영하는 데 꼭 필요하다고 생각되는 알찬 정보들을 정리하여 두고두고 참조할 수 있도록 했다.

4. 그 동안 대산연구소를 운영하면서 수많은 소규모 기업체 사장들과 비즈니스맨들을 만나 보았지만, 그들의 고민은 딱 한 가지였다.

기술도 있고 기업에의 열정도 있고 사업 감각도 뛰어났지만, 단 한 가지 자금이 없었다. 그것이 걸림돌이 되어 꿈을 펼치지 못하고 있었다. 영세 기업을 경영하면서 없는 돈을 쪼개 쓰고 아껴 쓸 수 있는 방법들을 모색했다.

5. 개방화된 경제 전쟁의 시대를 맞이하여 5~6인 규모의 회사가 살아남을 수 있는 유일한 방법은 독자적인 무기로 무장하는 방법밖에 없다.
그런 의미에서 5~6 회사의 기술개발 및 전문화 문제를 특히 강조했다.

6. 기업의 실패는 그 규모의 크고 작음을 떠나 경영자가 미처 신경쓰지 못한 부분에서부터 시작된다는 것을 필자는 너무나도 많이 보아 왔다.
이에 5~6인 규모의 회사 사장들이 신경써야 할 사소한 부분들을 가능한 한 많이 언급했다.

7. 경험을 통해서 얻어지는 안목과 지식은 그 어느 것과도 바꿀 수 없는 귀중하고 값진 것이다.
이런 의미에서 다양한 기업 경영 사례들을 소개했다.

저자

목차

제7장 5~6인 회사의 자금운영과 부족자금 조달 테크닉 ·······7-1

제1장

작은회사 사장!
독해야만 살수있다

기업경영에 관한 한
철저히 독해야

　기업은 물론이고 구멍가게 조차도 실제로, 한 번이라도 경영해 본 적이 없는 학자들이 말하기를, 기업을 경영하는 사장이라면 예리한 이익 감각과 사업 환경의 변화를 내다볼 수 있는 선견력과 대쪽 같은 결단력과 부처님처럼 타인을 진정으로 사랑할 수 있는 인격을 겸비해야 한다고 한다.

　한마디로 회사 경영자는 슈퍼맨이 되어야 한다는 얘기다.

　말이사 맞는 말이다.

　그렇지만 현실 세계에서 이런 능력을 골고루 갖춘 사람은 한 사람도 없다.

　필자가 아는 한 성공한 기업가들에게서 찾아볼 수 있는 단 한 가지 공통점이 있다면, 하나같이 독한 성격의 소유자들이라는 것이다.

　그 기업가들은 거래처에서 닥달해오는 지불 독촉을 두 무릎을 꿇고 사정사정해서 연기시키기도 했고,

　때로는 「날 죽이든지 살리든지 당신들 마음대로 해........」 시쳇말로 배째라고 배짱을 부리다가 없는 욕지거리도 많이 들었던 사람들이다.

　게다가 종업원들의 임금 인상 요구 및 파업에 눈썹 하나 까닥

하지 않고 주동자를 색출해 해고했으며, 또 어떤 경우에는 경쟁사를 몰아내기 위한 중상 모략도 서슴지 않았다.

사실 기업을 하다 보면, 그 기업의 덩치가 크건 작건 회괴하기 짝이 없는 중상 모략이 있게 마련이고, 별의별 사기꾼들이 접근하게 마련이고, 견디지 못할 정도의 압력도 있게 마련이다.

특히 5~6인 회사처럼 작은 규모의 회사가 커다란 덩치의 회사들 틈바구니에서 경쟁하고, 지탱해나가고, 나아가서 발전해 나가자면 사장 자신부터 독하고 악해져야 한다.

거래 상대방에게 인상이 좋게 보여서 그런지 아니면 상대방이 만만하게 보아서 그런지, 매출은 쉽게 성장되지만 가장 중요한 외상 대금을 회수 못하는 경우가 있다.

여기 저기 깔린 미수금을 받아 내지 못하면 회사는 문을 닫을 수밖에 없다. 대여섯 명 정도의 규모로 가족 관계처럼 지내는 회사를 경영하고 있는 사람들은 이 점을 특히 경계해야 한다.

기업 경영은 결코 아무나 할 수 있는 것이 아니다. 돈 많고 기술력이 있다고 해서 할 수 있는 것이 아니다.

독하고 악한 사람만이 기업을 이끌고 나갈 수 있다. 독하고 악하지 못해서는 냉혹한 비즈니스 경쟁에서 패배하고 만다. 기업하는 사람에게 그 이상 가는 죄악은 없다.

다시 한번 강조하지만 귀하가 경영하고 있는 5~6인 규모의 사업체를 진정 발전시키고 키워 나가고 싶으면 우선 경영자부터 독하고 악해지기를 권한다.

그래야만 종업원들도 살고, 그 가족들도 살고, 자신도 살 수 있다.

자존심!
버릴 때는 과감하게 버리자

필자가 운영하는 대산연구소와 평소 친하게 지내는 김부삼 씨는 충북 청원에 공장을 두고 계기판을 만들어 납품하는 사업을 하고 있다. 서울 사무소 겸 영업소가 강남 논현동에 있는데, 사장인 김부삼 씨는 주로 여기에 머물며 직접 영업을 하고 있다.

그러던 어느 날 미국 맨하튼에 본사를 둔 맥일렉트릭(Mac Electric Co. Inc)사에서 점잖은 바이어 한 사람이 찾아왔다.

그가 내미는 명함을 보니, 이름은 요한 맥 스티븐(John Mc Steven), 직함은 CEO였다. 언뜻 보아 유태계처럼 보이는 그는, 결코 만만한 바이어가 아니라는 인상을 풍겼다.

그는 자신의 회사에서 생산하는 기계에 들어갈 계기판을 공급해 줄 협력업체를 모색하고 있다고 했다. 그가 요구한 분량은 월 1만 개. 월 1만 개라면 상당한 분량이었다.

김 사장은 그 자리에서의 성급한 대답은 피하고 공장장과 기술적인 문제를 협의해서 다음날 확답을 주겠다며 양해를 구했다.

다음날 요한 씨가 묵고 있는 호텔로 찾아간 김 사장은 다시 한번 기술적인 문제를 협의, 공급 자체는 가능하다는 사인을 보냈다.

그렇지만 문제는 가격에 있었다.

D전자에서 제시한 단가보다 1달러씩 낮춰서 공급해 줄 수 없겠느냐는 것이 요한 씨의 요구였다.

이미 면밀한 가격 조사를 한 후의 요구인 것 같았지만 김 사장은 그 가격으로는 불가능하다고 대답했다.

한동안 가격 절충을 시도했던 두 사람은 그날은 최종 결론을 맺지 못하고 헤어졌다.

다음날 요한 씨가 김 사장 사무실로 찾아왔다. 역시 전날과 똑같은 요구였다.

김 사장 역시 똑같은 대답이었다.

이에 요한 씨는 그렇다면 80센트 씩만 깎을 수 없느냐고 재차 요구해 왔다.

김 사장은 그것 역시 불가능하다고 대답했다.

또 그 다음날 요한 씨는 재차 김 사장을 방문해 집요하게 물고 늘어지기 시작했다. 이번에는 가격 요구는 뒤로 미루고 자신이 얼마나 고생하며 살아왔는지를 장황하게 설명하면서 자신이 요구한 가격에 OK해 줄 것을 애원하다시피 요구했다.

김 사장이 보아도 뭐 이런 서양 놈이 있는가 하고 의아할 정도의 집요함이었고 애원조였다.

그렇지만 김 사장의 대답 역시 전날과 마찬가지였다.

또 그 다음날 김 사장을 찾아온 요한 씨는 김 사장 같은 동양 사업가는 처음 보았다면서, 10센트를 더해 70센트씩 깎은 가격에서 최종 합의를 보자고 매달려 왔다.

삼고초려도 이만저만한 삼고초려가 아니었다. 그 가격도 결코 많은 부가가치는 아니었지만, 요한 씨의 애걸복걸에 김 사장은 자신의 고집을 꺾고 최종 악수를 하고 말았다.

요한 씨는 자신의 이마에 난 땀을 손수건으로 닦으면서 고맙다는 말을 연발했다.

그러나 김 사장을 더욱 놀랍게 만든 일은 그 거래가 성사되고, L/C가 오픈되고, 납기에 맞춰 선적을 하고 그리고 결제가 떨어지고 하는 과정이 한치의 오차도 없이 매끄럽게 진행되고 나서도 한참 뒤에야 일어났다.

미국에 일이 있으면 꼭 한번 자신의 사무실에 들려 달라는 요한 씨의 정성 어린 부탁도 있고 해서, 은행잎이 노랗게 물들어 가는 어느 늦은 가을날 미국에 간 김 사장은 요한 씨를 찾아가기로 마음 먹었다.

건물 한 귀퉁이에 조그마한 사무실을 세내어 그런대로 꾸려 나가고 있는 초라한 회사려니 했더니 그게 아니었다.

정문에서 수위가 방문객을 일일이 체크하고 안내하는 삼성 본사보다 더 큰 빌딩을 소유하고 있는 회사였다. 게다가 엘리베이터를 타고 팔등신 갈색 서양 미인인 비서 아가씨의 안내로 사장실인 요한 씨의 방에 들어갔더니, 문자 그대로 안광이 황홀할 지경이었다.

붉은 아라비아산 양탄자가 깔려 있고, 세계 곳곳에서 수집한 듯한 온갖 기념품들로 멋지게 장식된 널찍한 방 한가운데, 대통령이 사용하는 책상보다 더 크고 고급스러워 보이는 책상에서 열심히 업무를 보고 있던 요한 씨가 점잖게 일어서면서 「Hi, Mr. Kim!」 하며 반갑게 맞아 주는 것이 아닌가.

이렇게 돈 많은 놈이 논현동의 초라한 자신의 사무실에 직접 찾아와 몇 날 며칠을 단 1달라 때문에 그렇게 애걸복걸했던가 하는 생각이 김부삼 씨의 뇌리를 스치고 지나가는 순간이었다.

이게 진짜 기업가의 모습이다. 단 한푼을 깎자고 애걸복걸할 수 있는 사람이, 아니 해야만 하는 사람이 바로 기업가다.

　기업인은 특히 대 여섯 명 규모의 회사를 경영하는 사람은 두 무릎을 꿇고 애원해서라도 거래 상대방을 설득하여 한푼이라도 싸게 구매할 수 있어야 하고, 지불을 연기할 수 있어야 하고, 납품권을 따낼 수 있어야만 한다.

　적어도 이 정도는 되야 사장으로서의 자격이 있다.

이익 남기기에 철저하라

기업을 만들어 그것을 경영하는 이유는 아주 간단하다. 돈을 벌기 위해서다. 돈이 없기 때문에 돈 좀 벌어 보려고 기업을 하는 것이고 사업을 하는 것이다.

그렇지만 워낙 없는 돈을 가지고 출발했는지라 매일 매일 돈에 쫓기는 신세가 영세 기업 사장님들의 현실이다.

들어오는 돈은 쥐꼬리만 하고 그것도 띄엄띄엄 들어오는데, 신상품 개발이다, 영업망 구축이다 하는 것은 차치하고서라도 직원들의 월급날은 왜 이다지도 빨리 돌아오고, 사무실 임대료 청구서는 보름에 한 번씩 날아오는 것 같고, 전화 요금 특히 국제 통화료는 왜 그렇게 비싼지, 기계 한 대 들여놓은 것이 고장은 왜 그렇게 잘 나는지, 돈 나가야 할 곳이 한두 군데가 아니다.

게다가 시장 개방으로 인해 그래도 수익이 짭짤하던 아이템의 범위가 줄어들게 되었음은 물론이고 한정된 국내 시장을 놓고 대기업과의 경쟁도 힘겨운데 외국 기업과의 경쟁도 감내해야만 하는 지경에 이르렀다.

더군다나 노태우, 전두환같은 큰 고기 잡겠다는 목적의 금융 실명제 실시로 무자료 거래도 더 이상 하기 힘들게 되었다. 하청이나 판매 대금의 결제도 결제 업체의 자금원 노출 부담금이라는 이상한 형태의 옵션이 작용, 실질적으로 약 10% 정도 손해를 보고 결제를 받는 방식으로 바뀌고 말았다.

이 모든 요소들이 5~6인 회사의 자금 운용에 더 한층 어려움을 주는 요인으로 작용한다. 그러나 아무리 현실이 어렵더라도 이왕지사 시작한 기업이고 사업체니 이것을 발판으로 돈을 벌어야 하는 것이 5~6인 회사 사장님들의 또 다른 현실이다.

비록 빈약한 재정 상태지만 이리저리 잘 살펴 꼭 투자할 곳은 과감하게 투자하고, 받을 돈은 철저히 받아 내어 최대한의 이익을 남기고, 자금 운용에 만전을 기하여 차츰차츰 돈을 모아야 한다. 돈이 모여야만 발전도 꾀할 수 있다.

여기서 한 가지 주의할 점이 있다. 아직까지는 자금 운용에 그다지 큰 어려움이 없다는 단 한 가지 사실만을 자위(?)삼아, 그래도 자신의 기업체만은 그런대로 순탄하게 굴러가고 있다는 착각에 빠져서는 곤란하다는 것이다.

이런 착각은 사업 경험이 일천한 기업가에게 흔히 나타나는 현상으로, 특히 잘 아는 가까운 사업가가 자금 운용에 어려움을 겪고 있는 것을 목격하면 더 깊은 착각 속에 빠지게 된다. 이것은 마치 공부를 못하는 학생이 자기보다 더 못하는 친구를 보고 자기는 공부를 잘하는 것으로 착각하는 경우와 흡사하다.

이런 착각이야말로 앞뒤를 전혀 모르는 어리석은 자만에 불과하다. 기업의 본질은 결코 자금 운용을 원활하게 하는 데 있는 것이 아니라 그 원활한 자금 운용을 바탕으로 많은 이익을 남기는 데 있다.

기업의 본질은 어디까지나 본전을 유지하는 데 있는 것이 아니라 본전하고도 더 많은 이익을 남기는 데 있는 것이다. 이익을 남기지 못하는 기업은 존재 가치가 없다.

사실 자금 운용의 원리는 간단하다. 줄 돈은 될 수 있으면 안

주고 받을 돈은 단 한푼의 오차도 없이 받아 낸다면 이것만큼 훌륭한 자금 운용이 없다. 하지만 기업의 본질인 부가가치 판매에서 이익을 남기지 못하면 자금 운용상에서도 결코 이익을 남기지 못한다.

이익, 이익 하니까 어떤 사람은 이렇게 이야기한다.

「눈앞의 이익만이 이익이 아니다, 당장은 밑지더라도 자금 운용을 잘해서 장기적으로 큰 이익을 거머쥘 수 있어야만 진짜 기업가다.」라고.

백 번 천 번 옳은 이야기다.

그렇지만 필자의 경험에 의하면 눈앞의 작은 이익도 재대로 챙기지 못하는 사람이 장기적으로 큰 이익을 거머쥐는 것을 한 번도 보지 못했다.

5~6인 회사 사장, 이익 남기기 경영에 철저하자.

투자만은 약아빠졌다는
소리를 들을 만큼 신중히

비록 소수의 인원이 모여 알뜰살뜰 꾸려 가는 영세한 회사나 점포라고 할지라도 실제로 운영을 하다 보면 경영자의 입장에서 결단을 내려야 할 일이 반드시 생기게 마련이다. 그것도 한두 가지가 아니다.

사소한 일상적 업무에서부터 사무실이나 점포의 이전, 사원들의 월급을 올려 주는 일, 대대적인 광고에 나서는 일, 신규 아이템에 진출하는 일, 말썽만 피우는 사원을 해고시키는 일, 반대로 아르바이트 사원이나 정식 사원을 채용하는 일 등 무수히 많다.

오죽하면 기업의 사장 자리를 외롭고 고독한 결단을 내리는 자리, 그 이상도 그 이하도 아니라고 했겠는가?

대기업의 경우라면 거미줄같은 정보망을 바탕으로 사전에 결단에 따른 위험을 최소화시키고, 설사 잘못된 결단으로 인해 피해를 본다고 해도 실무 책임자에게 그 책임을 물을 수 있으며, 손해액도 각 계열사별로 적당히 분담시켜 보충할 수 있는 완충 장치가 어느 정도 갖춰져 있다.

그렇지만 5~6인 규모의 회사나 점포처럼 자금이 빈약한 업체의 사장은 말이 좋아 외로운 결단이고 고독한 결단이지, 판단 한번 잘못하고 타이밍 잘못 맞추면 잘 나가던 회사가 치명적 타격을 입어 문을 닫을 수도 있다.

폐업까지는 이르지 않더라도 타격 입은 것을 만회하는 데는 상당한 시간과 노력을 기울여야 한다.

결단이라고 하는 것은 묘한 것이어서 잘못된 결단은 금방 표가 나는데 반해, 아무리 뛰어난 결단이라고 해도 좋은 결단의 효과는 즉시 나타나지 않는다.

마치 국가의 경제 정책처럼 장기적으로 두고 봐야 서서히 그 진가가 나타나기 시작한다. 게다가 결단을 내려야 할 상황들은 대부분이 사실 전후가 명확하지 않고 애매모호하게 마련이다.

어떻게 해야 좋을지 도무지 감이 잡히지 않고 망설여질 수밖에 없는 상황만이 묘하게도 사장인 귀하에게 단안을 내리도록 강요하는 것이다.

물론 상황이 극히 모호하여 혼자서 결단을 내리기가 어려우면 믿을 만한 연구 기관이나 사업 선배에게 조언을 구하는 것도 한 가지 방법이 될 수 있다.

하지만 어떤 형태의 결론이든 그 최종적인 결단은 사장인 귀하가 내려야 하고, 또 그 결과에 대한 책임 역시 사장인 귀하가 져야 한다.

5~6인 회사와 점포의 사장이 결단을 내려야 할 상황중에서 가장 대표적인 것을 들라면 역시 투자에 대한 결단일 것이다. 투자는 풍성한 가을걷이를 위해 만물이 생동하기 시작하는 촉촉한 봄날에 논에 씨를 뿌리고 파종하는 일과 같다.

투자라고 하면 비록 소규모의 공장이기는 하지만 제품의 질과 생산성을 향상시키기 위한 설비 투자, 특히 합판이나 종이 도매상처럼 가격의 폭등이 예상되는 경우에 시행되는 재고 확보를 위한 투자, 기업에 있어서 가장 중요시되어야 할 인재에의 투자,

기술 개발에의 투자, 사업체나 공장의 인수를 위한 투자, 재테크를 위한 투자 등 여러 가지 형태의 투자를 떠올릴 수 있다.

자금만 넉넉하다면 문제될 것이 없겠지만, 문제는 돈이 넉넉치 못한 5~6인 회사의 입장에서는 모두가 하나같이 중요한 결단 사항이 될 수 밖에 없다는 데 있다. 게다가 순차적으로 결단을 내려도 되는 사항들이 아니라 한두 가지 투자 상황에 대해 동시에 결단을 내려야만 한다.

예를 들면, 점포 사업자의 경우 점포를 확장하면서 그 넓어진 여분의 공간만큼 신제품을 더 구매해야 하거나, 기존의 생산설비를 신규로 교체하면서 연구개발 투자를 늘려 설비 투자를 뒷받침해 줘야 하는 식으로.

바로 이러한 특수성 때문에 투자에의 결단은 극히 어려운 과제로 떠오른다. 물론 장기적으로 더 큰 수익이 보장된다는 확신이 들면 과감하게 단안을 내려야 한다.

그렇지만 투자에 관한 한, 결단의 밑바탕이 되는 확신이 소위 이야기하는 경영자의 막연한 감에서 나온 것이라면 그것은 극히 곤란하다.

한꺼번에 목돈이 소요되는 투자에의 결단이 감이나 느낌에서 비롯되었다면, 100이면 99는 실패로 끝난다고 보아도 무방하다. 투자에 대한 결단은 어디까지나 모든 가변 요소들을 객관적인 수치로 계산해서 기대 효과가 긍정으로 나왔을 때만 내려야 한다.

말썽 거래처는 본 떼를 보여줘야

5~6인 회사가 제조 업체라면 제품 생산에 있어서는 원료나 부품 혹은 박스 등의 구매처 혹은 하청 업체와, 판매에 있어서는 도매상이나 소매상 아니면 대리점이나 가맹점 혹은 총판 등 많은 업체들과 거래 관계를 맺고 있을 것이다.

5~6인 회사가 전문 품목의 오퍼상이라면 국외의 서플라이어(Supplier, 공급 업체)와 수출 전문 업체라면 바이어나 바잉 에이전트(Buying Agent) 혹은 선박 회사나 화물 운송 서비스 업체들과 주로 거래 관계를 맺고 있을 것이다.

또 자금 조달의 필요성 때문에 은행이나 사채 업자 등의 금융 업체들과도 거래를 맺고 있을 것이고, 세금 처리 문제로 세무사와 변호사와도 거래를 맺고 있을 것이다.

이 무수히 많은 거래처들 중에는 속썩이는 거래처가 반드시 한둘은 있게 마련이다. 회사가 작은 업체라고 얕봐서 그러는 경우도 있겠고, 그 거래처의 사정이 정말로 어려워 본의 아니게 속을 썩이는 경우도 있을 것이다. 아니면 혼자만 잘살겠다는 자세로 처신하는 거래처도 있을 것이다.

이 이유들 중 그 거래처가 어느 경우에 속하는지는 겪어 보면 대번에 알 수 있다. 성실하지만 진짜 어려워서 속을 썩이고 있는 업체라면 여러가지 방법으로 상호 발전 방향을 모색해 보아야 한다.

하지만 작고 영세한 업체라고 얕보고 혼자만 잘살겠다고 약은 체하는 업체라면, 또 성실한 업체라고 해도 기술 개발을 게을리 하는 하청 업체라면, 단칼에 베어 버리는 것이 좋다.

거래 관계를 끊을 때 「잔금 받을 생각은 아예 말라....」며 배짱을 부리는 업체가 있다면, 그 업체가 크건 작건 한번 본때를 보여 줘야 한다. 무슨 수를 써서라도 10원 한 장까지 모조리 받아 내야 한다.

위 사항들 이외에도 우리 5~6인 회사 사장들이 스스로 다잡아야만 사항들이 많다.

그렇지만 다른 것은 다 몰라도 독한 경영 마인드 및 자세를 견지하기를 다시 한번 강조하고자 한다.

제2장

작은회사의 성공! 강한 리더십에서 나온다

도쿠가와 이에야스는 말한다

  이름도 없고 초라하기 짝이 없는 오까사끼 성의 영주인 히로다다의 아들로 태어나 일본의 전국시대를 당당하게 평정하고 250여 년간 지속된 막부 시대를 연 장본인인 도쿠가와 이에야스가 그 당시 최고 실력자인 도요토미 히데요시 앞에 불려갔을 때의 이야기다.

  도쿠가와 이에야스는 도요토미 히데요시 앞에서 비굴하게 빌지 않고 당당하게 다음과 같이 말했다.

  「나에게는 히데요시님과 같은 지혜도 없고 위용을 자랑하는 무력도 없고 산처럼 가득 쌓인 금은보화도 없지만 단 한 가지, 언제라도 같이 죽을 수 있는 충성스런 가신들이 있습니다.」

  당당한 이 한 마디에 당황하고 겁먹은 히데요시는, 비록 눈썹이 꿈틀거릴만큼 배알이 꼴렸지만, 이에야스를 보기 좋게 굴복시키려던 당초의 생각을 바꿔 자신의 늙은 누님을 이에야스에게 시집보내, 처남 매부지간이 되는 선에서 타협을 했다.

  이 일화는 우수한 스텝진의 중요성을 대변해 주고 있다. 비록 대기업처럼 아니면 유명한 정치인처럼 돈도 많지 않고 이렇다 할 권력도 없는 5~6인 회사의 사장이라는 위치에 있기는 하지만, 강한 리더십 하에 길러진 든든한 직원들이 있다는 사실 하나만으로도 어디가서든 당당할 수 있어야 한다. 그래야만 회사가 큰다. 그래야만 돈도 잘 벌린다.

 5~6인 회사의 사장이 이에야스처럼 충신스런 가신들을 얻을 수 있으려면 우선 겸손한 인간적 매력이 있는 인물이 되어야 한다.

 나아가서 풍부한 지식, 친근감 있는 화술, 늘 타인의 아픔이나 괴로움에 신경을 써주는 마음, 자신의 신념을 묵묵히 관철시키고야 마는 강인함, 열정 등이 잘 어우러진 매력적인 인물이 경영하는 회사라면, 사원들이 자연히 그를 믿고 따를 것이다.

 그렇지만 보다 중요한 것은 어려움에 처한 부하를 적극적으로 도와주는 일과 적어도 믿는 부하들을 위해선 필요하다면 거짓말도 할 수 있는 우두머리로서의 기질일 것이다.

어려움이 닥친 사원은 적극적으로 보살펴야

5~6인 회사의 사원들은 집안 형편이 어려운 사람들이 많다. 동생이 어렵게 대학에 붙었는데 등록금 마련이 막막한 사람, 갑자기 아버님이 돌아가셔서 장사를 치러야 하는데 돈도 없고 의지할 곳도 없어 당황해 하는 사람, 트럭을 몰던 동생이 자신의 잘못도 없이 교통 사고에 휘말려 경찰서 유치장에 갖혀 있게 되는 경우 등등.

물론 그 일을 당한 사원 역시 다른 사람이 알면 걱정할까 봐 내색을 안 하려고 하겠지만 어딘지 모르게 표가 나게 마련이다. 이때는 그 사원을 불러 연유를 알아보고 자신이 적극 나서야만 될 일이라면 적극적으로 나서서 도움을 주고, 해결할 수 있으면 해결해 주는 것이 사장으로서의 기본 도리다.

특히 결혼식과 같은 즐거운 일에는 참석하지 못하더라도 사원의 부모님이 입원하셨거나 아니면 장례식에는 반드시 같이 밤을 새고 묘지에까지 따라가 위로해 주고 격려해 주는 것이 좋다. 이 정도의 노력도 하지 않고서는 결코 리더가 될 수 없고, 사원들을 따라오게 만들지 못한다.

믿는 사원을 위해서라면
거짓말도 능숙하게

사장도 결함이 많은 사람이듯이 사원 역시 결함이 많은 사람이다. 한번 믿고 채용한 사람이라면 웬만한 일은 못 본 채 넘기면서 지속적으로 믿어 줘야 하는 것이 리더의 자세다.

회사를 경영하다 보면 특히 5~6인 회사처럼 사장실도 따로 없이 오손도손 모여서 근무하다 보면 사원들을 찾는 별의별 용건의 전화도 사장이 직접 받게 마련이고 별의별 용건의 사원을 찾는 사람들도 사장이 직접 대면하게 된다.

이 별의별 용건의 전화나 사람 중에는,

회사 사원에게 술 값 받으려고 채근하는 전화도 있을 수 있고, 그 사원의 부친이 부도를 내고 도망갔기 때문에 그 부친을 찾으려는 빚쟁이가 있을 수도 있고, 또 어떤 경우에는 회사의 사원이 변심하고 차버린 여성의 오빠 되는 사람이 씨근덕거리며 「이놈 잡기만 해봐라.....」 하며 회사로 달려오는 경우도 있을 것이다.

이럴 때 사장은 자기가 아끼는 그 사원을 위해 침착하게 또 경우에 따라서는 능수능란한 거짓말을 해서라도 그 화가 사원에게까지 미치지 못하도록 대처해 주어야 한다.

이렇게 찾아오는 사람이나 걸려 오는 전화는 사원이 일방적

으로 잘못했다고 소리를 질러대지만 이 세상에 일어나는 사건
치고 어느 일방의 잘못만 있는 경우는 극히 드문 법.

　나중에 그 사원에게 전후 사정을 들어 보기 위해서라도 일
단은 위기를 넘겨주는 것이 좋다.

　이렇게 해줄 수 있는 여유가 있어야만 사원들이 사장을 기
둥으로 삼고, 울타리로 여겨 믿고 따른다.

한 가족인 직원을 믿어야
사장을 따른다

인천의 김봉수 사장은 창고 하나를 가지고 완구 도매업을 하고 있다. 총직원은 네 명으로 경리 사무는 친척 여동생이 맡고 있다. 완구는 그 특성상 가짓수도 많고 그 수량 또한 어마어마하게 많아서 재고 파악이 상당한 관건으로 작용하는 분야다.

그런데 김봉수 사장에게 한 가지 고민거리가 생겼다. 어딘지 모르게 창고의 물건이 장부상의 그것과 차이가 난다는 느낌을 받은 것이다. 매일 아침 창고에서 출고를 담당하는 직원이 물건을 조금씩 빼내어 서울이나 지방 등지의 완구 소매점에 팔아 넘기고 있는 것이 아닌가 하는 의심이 들기 시작한 것이다.

이 일 때문에 사업이 당장 망하는 것은 아니지만 왠지모르게 불안한 마음이 떠나질 않았다. 그렇다고 아무런 증거도 없이 그 직원을 해고시킨다는 것도 무리고, 창고에 관한 한 그 직원만큼 잘 알고 있는 사람도 드물었기 때문에 이래저래 고민만 쌓여 갔다.

그러던 어느 날 그 직원이 시골 자기 집으로 휴가를 떠난 사이에 김봉수 씨는 직접 장부를 들고 일일이 재고 파악에 나섰다. 그때 그는 창고 업무가 이렇게 힘든 것이라는 것을 처음으로 깨달았다.

가까스로 재고 파악을 마친 결과 장부상의 수치와 꼭 맞아 떨어지지는 않았지만 예상과는 달리 불과 극소수의 차이가 있을 뿐이었고 어떤 품목은 오히려 장부상의 수치가 적기까지 했다.

휴가를 마치고 돌아온 그 창고 직원의 얼굴을 대하고 보니 왠지 미안한 생각까지 들었다. 가족과 같이 동생과 같이 아껴 주지는 못할망정 의심까지 했으니…

사실, 그런 의심이 들기 시작한 원인은 다른 데 있었다. 완구 도매업를 시작한 지 2년이 다 되었는데도 매출이 처음 기대했던 것만큼 늘어나지 않았던 것이다. 말하자면 판매 활동의 영역을 넓히고 판촉 활동을 좀더 심화시켜야 했는데, 이 일은 제대로 하지 않은 채 창고에서의 로스(Loss)분만을 탓하고 있었던 것이다.

이 밖에도 사원을 의심하기 시작하면 의심이 갈 만한 요소는 너무도 많다. 큰 납품 건이 성사되어서 50만 원을 들려서 보냈는데 혹시 담당자에게는 30만 원만 전해 주고 20만 원은 자기 주머니에 슬쩍 집어넣은 것은 아닌지,

영업을 한다고 나갔는데 어디 사우나탕에서 시간만 늘어지게 보내고 나서 퇴근할 때 들어와, 일일 보고서만 그럴듯하게 작성하고 있는 것은 아닌지, 구매처와 짜고 물품 대금을 과다 계산하여 고액의 커미션을 받아 챙기고 있는 것은 아닌지, 한도 끝도 없이 의심에 의심이 꼬리에 꼬리를 물고 일어나게 마련이다.

이심(以心)이면 전심(轉心)이라고 사장이 사원을 의심하기 시작하면 사원 또한 사장을 불신한다. 이래서는 사원이 사장

을 따라오기는커녕 우러러보지도 않는다.

장세동 씨가 자신을 알아준 전두환 씨를 끝까지 믿고 따르듯, 5~6인 회사의 직원들도 자신을 믿어 주는 사장에게 충성을 바치고 의리를 지킨다.

사원을 너무 믿어도 안 되지만 믿어 보기도 전에 의심부터 한다면 이것 또한 곤란한 일이다. 5~6인 회사처럼 작은 회사는 다른 것은 자랑할 수 없어도 서로 믿고 의지하는 정리만큼은 자랑할 수 있어야 한다.

자신의 어려움을 절대 내색하지 말아야

사장이라는 자리는 기쁨보다는 괴로움이 더 많은 자리다. 특히 직장 생활을 오래하다가 창업한 경우는 이상하게도 과거에 없던 우환이 자주 일어난다.

예를 들자면 부모님이 중풍으로 쓰러진다거나 자녀가 대학에 떨어진다거나 마누라가 이상하게 강짜를 부린다거나 하는 등등. 사장도 사람이기 때문에 이런 일들이 일어나면 기분도 우울해지고 실의에 빠지게 된다.

이런 괴로운 상황에서도 기분좋게 출근하는 사장이 있다면 그 사장은 사람이 아니다. 그렇다고 신도 아니다. 아마 마귀에 가까운 사람일 것이다.

그렇지만 자신의 괴로움을 사원들에게 그대로 나타내서는 안된다. 숨기고 참을 수 있는 것이라면 끝까지 자신의 괴로움을 내색하지 않는 것이 사원들 전체의 사기를 위해서 바람직하다.

사장이라는 자리는 가정으로 말하면 가장의 위치다. 가장이 실의에 빠져 흔들리면 가족 모두가 실의에 빠지게 된다. 어려운 일이 닥치더라도 으레 일어나는 일이려니 생각하고 그 기분을 회사에까지 연장시키지 않는 것이 사원들의 사기를 위해서도 좋다.

　그래야 나중에 사원들이 사장의 이런 사정을 알게 되었을 때, 「사장님이 이렇게 어려우신 줄도 모르고……」 하면서 돕겠다고 나선다. 이렇게 되면 그 회사는 더욱더 탄탄한 팀워크로 뭉치게 된다. 흔히들 애기하는 전화위복이 될 수 있는 것이다. 자신의 괴로움을 감출 수 있고 혼자서 삭일 수 있는 사장이라야 사원들이 존경심을 갖고 더 열심히 일한다.

자를 때는 가차없이 잘라야

5~6인 규모의 작은 회사나 점포의 경우는 회사 = 사장이기 때문에 사장의 마음이 따스한가 차가운가가 곧바로 사원들에게 전달된다. 그래서 일반 처세훈을 다룬 책자들을 보면 사장은 우선 마음이 따스한 사람이어야만 사원도 잘 따른다고 나와 있다.

예를 들어, 어느 사원이 일신상의 이유로, 대부분 더 좋은 근무 조건의 회사로 옮겨 가는 경우겠지만, 회사에 사표를 내는 경우,

「그래, 서운하지만 할 수 없네. 잘 가게.」

하고는 악수 한번 청함 없이 경리 담당 여사원을 불러

「퇴직금하고 오늘까지의 급료를 계산 지불해 주고 의료보험증 체크를 잊지 말도록....」

이렇게 냉정하게 지시를 내리는 사장보다는,

「아니, 자네가? 그래 무슨 사정인가? 이거 서운해서 어떡하지? 다시 한번 재고해 주게. ……정 그렇다면 할 수 없지. 이렇게 아쉽게 헤어질 수야 있나. 오늘 저녁에 송별주라도 나눔세. 내가 뭐 도와줄 일이라도 없겠나?」

이런 식의 처신을 하는 사장이 남아 있을 사원들의 사기를 위해서라도 더 바람직한 모습이라고 소개한다.

이것은 백 번 천 번 옳은 처신이다. 그렇지만 엄밀하게 한번

따져 보자.

위의 예에서 회사를 떠나려는 사원이 비록 충분한 월급은 주지 못했지만 3~4년 정도 기르고 닦아 놓은 사원인데 사전에 일언반구 상의도 없이 사표를 불쑥 내민다면 오늘 저녁 어디 가서 송별주를 나눔세라고 하기보다는 일단 사표를 던진 이유를 명확하게 분석해 보아야 한다.

그래서 장기적으로 인재가 될 만한 사원이라면 설득에 설득을 해서 회사에 남아 있게 하는 것이 더 바람직하다. 특히 그 사원이 몇 명 안 되는 회사 조직 내에서 알게 모르게 좋은 영향력이 있는 사람이라면 문자 그대로 남아 있을 여타 사원들의 사기를 위해서라도 붙잡아야 한다.

사장에게 요구하는 따스한 마음, 잘못된 성격이라고 지적하는 냉정함은 위에서 언급하는 것과 같은 장기적 관점에서의 판단이 우선되고 나서 발휘되어야 할 그런 것이 아닐까?

사실 어떤 경우에는 냉정한 성격이 더 바람직하다.

우선 거래처 중에서 말썽부릴 소지가 다분히 있거나 실제로 말썽을 부리는 거래처에 관한 한 철저히 계약대로 빈틈없이 처리하는 것이 좋다. 그래야 사원들이 우리 사장님은 원칙이 있고, 줏대가 있는 사람이라고 믿고 따른다.

그리고 회사 전체의 분위기를 해치거나 회사 물건 또는 수금된 돈을 조금씩 인 마이 포켓(In My Pocket)하는 구제 불능인 사원이 간혹 있을 수 있다. 그런 사원은 가차없이 잘라야 한다.

어떤 회사는 사원들이 회사의 물건을 횡령하고 있는데도 불구하고 사장 앞에서 진실로 용서를 빌었다는 이유 하나만으로 인정에 끌려 그냥 넘어가는 경우도 있었다. 사원이 업무 미숙으로 저지르는 실수는 그 사원의 발전을 위해서도 눈감아 주는 것이 바람직하지만 이런 경우는 가차없이 잘라야 하고 필요하다면 책임을 물어야만 한다.

결론적으로 말해서 사장의 마음이 따뜻해서 얻는 이익보다 냉정해서 얻는 이익이 더 크면 차디찬 리더가 되는 것이 훨씬 멋진 행동이고, 사장이라는 공인이 해야 할 마땅한 처신이다.

넓은 인맥!
리더십을 강화시킨다

  5천여 년의 인류 역사를 더듬어 보면, 절대 왕정 시대에 유럽 전체의 황제로 군림한 나폴레옹, 2차 대전을 일으킨 장본인 히틀러, 헬레니즘 문명의 화려한 장을 연 알렉산더, 유럽을 온통 뒤흔들며 세계 최대의 몽고제국을 건설한 징기스칸, 코란을 앞세우고 찬란한 이슬람 문명권을 만들어 낸 상인 출신의 마호메트 등 대륙 전체를 총과 칼로 경략해 나간 영웅들이 있다.

  또한 자신의 의지와는 전혀 상관없이 비천한 신분으로 태어난 것이 죄라면 죄가 되어 거드름 피우는 양반과 탐욕스러운 관리들의 등살에 갖은 고생 다하면서 참고 참다가 마침내 처지가 비슷한 동료들을 규합하여 봉기를 들었다가 햇살 따스한 어느 날 망나니의 서슬 퍼런 칼춤에 목숨을 잃고 만 우리 나라의 홍경래, 망이 망소이 형제, 그리고 황후장상의 씨가 따로 있다드냐라는 명언을 남긴 만적, 고대 로마의 스팔타쿠스, 고대 중국의 홍수전, 중세 스위스의 쯔빙글리와 같은 안타까운 인물들도 많다.

  반대로 수백 년간 계속된 글라노프 봉건 왕조의 학정의 사슬을 끊고 러시아 혁명을 완성시킨 레닌, 미국에 빌붙어 부정부패만을 일삼던 장개석 국민당 정부를 대만으로 내쫓고 농민들이 중심이 된 새로운 중국을 탄생시킨 모택동, 대규모 사탕수수 농장에서 미국 자본가들에 의해 착취당해 온 쿠바 민중들을 진정으로 해방시킨 카스트로 등 그런대로 성공을 거둔 혁명가들 또한 적지 않다.

또한 미 GM사의 헨리 포드, 독일 지멘스 사의 지멘스, 록펠러 재단으로 유명한 록펠러, 얼굴 없는 사나이로 유명했던 휴즈 항공사의 하워드 휴즈, 몬산토 그룹의 몬산토 씨처럼 자신의 기업을 세워 비즈니스로 온 세상 경략에 나서고 있는 인물들과 가전 제품으로 성공한 일본의 마쯔시다 씨,

컴퓨터 소프트웨어의 독보적인 존재인 미국 마이크로 소프트 사의 빌 게이츠, 이태리 베네통 사의 베네통 씨, 파카 만년필로 유명한 파카 씨, 세계 70여 개국에 번역되어 베스트 셀러가 된 모래 위의 욕망 의 작가 시드니 셸던 등처럼 상품 한두 가지로 세계를 휩쓰는 저력을 발휘한 인물들도 많다.

여담이지만 세계 최초로 종이를 만든 중국의 채륜, 화약을 발명한 최무선, 측우기를 만든 세종 때의 장영실 등은 사업이라는 면에서 보면 시대를 잘못 만나 돈을 벌어 수 있는 기회를 놓친 애석한 인물들이라고 할 것이다.

아무튼 위에서 소개한 인물들은 비록 그 활동 분야는 천차만별이지만 한 가지 공통점을 가지고 있다.

외곬으로 줄기차게 자신의 길을 걸어왔다는 점도 공통점이지만, 더 큰 공통점은 하나같이 사람들을 끌어들이는 인간적 매력이 넘쳐 주위에 아는 사람들이 많았다는 점이다. 그리고 그 사람들을 겸손하게 활용하는 데에도 달인이었다.

실제로 해방 이후 건국 준비 위원회를 만들어 혼란스런 해

방 정국의 수습을 위해 애쓰다가 흉한의 총탄에 비명횡사한 몽양 여운형 같은 분은 집을 나서 볼일을 보러 가노라면 채 스무 걸음도 옮겨 놓기 전에 아는 사람이 악수를 청해 올 정도로 인맥이 넓었다고 한다.

위의 인물들은 하나같이 많은 사람들을 잘 살 수 있게 하고, 고생에서 해방될 수 있는 대륙 경략, 혁명, 기업, 종교, 학교, 정치 등의 사업에 주위 인맥들을 십분 활용하여 그 사업을 성공으로 이끌어 낸 것이다.

그들이 혼자 잘나서 그렇게 훌륭한 업적을 쌓아 올린 것이 아니라 음으로 양으로 주위의 많은 사람들이 자신들의 희생을 무릅쓰고 뒤에서 받쳐 주고 옆에서 격려해 주고 앞에서 끌어 주었기 때문에 비로소 가능했던 것이다.

이처럼 인맥은 지역의 동서, 시간의 과거와 오늘을 불문하고, 또 혁명 사업이건 정치 사업이건 종교 사업이건 아니면 비즈니스건 그 사업의 형태와 상관없이 그 사업이 제대로 이루어지기 위해 반드시 갖춰야만 하는 아주 중요한 요소다.

특히 이렇다 할 돈과 기술이 없는 5~6인 회사가 이 험난한 경제 전쟁의 시대를 헤쳐 나가자면 탄탄한 인맥을 자신의 최대 무기로 삼아야 함은 다언(多言)을 요하지 않는다.

인맥이라고 하면 어릴 적의 고향 친구들부터 같은 학교 출신 동창들, 친인척들, 입사 동기생과 동료들, 친구의 친구, 와이프의 친구의 남편들, 같은 업계의 경쟁사 사장들, 자신이 나가고 있는 종교 단체에서 알게 된 신자들, 심지어는 단체로 신혼여행이나 관광여행을 같이 다녀왔던 사람들 등등 너무나도 많다.

하지만 이런 것들이 아무런 노력 없이 모두 다 인맥으로 형성되는 것은 아니다. 인맥은 많은 노력을 기울여 만들어 가야만 하는 것이다. 돈이 없고 시간이 없더라도 꾸준히 경조사에 참석하고 술자리도 심심치않게 가져야 하고 모임에도 자주 참석하고 경우에 따라서는 고스톱도 같이 치면서 자기 희생적인 의리도 지키면서 하나하나 만들어 가는 것이다.

다만 한 가지, 5~6인 회사는 문자 그대로 인맥이 곧 노하우가 되어야 하므로 나중에라도 실질적인 도움이 될 수 있는 인맥을 형성하기를 권한다.

예를 들면, 회사에 관계되는 사업체의 장들, 은행원, 세무사, 세무 공무원, 변호사, 기술 관련 업체, 관계 공무원, 광고인, 그리고 급한 일이 터졌을 때 그 바람을 막아 줄 수 있는 권력층 등을 주된 타깃으로 잡아 접근하는 것이 좋다.

이런 사람들은 친구의 친구, 집안의 집안 등 주위 사람들을 몇 다리 걸쳐 가다 보면 반드시 있게 마련이다.

장기적인 관점에서 서서히 접근해 간다면 그렇게 어려운 벽도 아닐 것이다.

인맥의 중요성은 섣부른 언변 몇 마디로 장황하게 늘어놓지 않더라도 사회 생활을 해본 사람이라면 너무나도 잘 알고 있는 사실이므로 더 이상 언급하지 않는 것이 좋을 듯싶다.

그렇지만 단 한가지 짚고 넘어갈 있다. 작은 5~6인 회사라지만 그래도 탄탄한 회사라는 것을 뽐내고도 싶고 또 그 흔한, 예를 들면 동창 회장, 협동 조합장, 지역 구민 회장, 상조회 회장하는 그 무슨 무슨 장자리에 앉아 보고도 싶고, 또 외부 인맥을 넓혀 장차 비즈니스에 도움을 받아 보겠다는 알팍한 심정에서, 거금의 출연을 자진해서 맡는 경우를 경계해야 한다는 것이다.

「우리 회사는 혹은 ○ ○회사 대표인 나는 얼마얼마를 내겠소……」

「그 정도라면 내가 어떻게 마련해 보지…」

이런 식의 약속이 자의 반 타의 반으로 나오는 수가 있다.

특히 사업체를 차린 지 얼마 안 되는 사장들이 이런 말을 많이 한다.

이런 약속은 안 지키면 약간 스타일 구기면 되지만, 무리하게 거금 출연의 약속을 지키다가는 빛 좋은 개살구가 되기 십상이다.

빛 좋은 개살구 되면 귀하의 5~6인 회사의 자금 운용에 막대한 차질을 빚게 되고 이런 체면치레때문에 망하게도 된다.

제3장

작은 회사의 사장
이런 사항들
늘 체크하라

사장의 역할이
막중하긴 하지만

사장의 임무와 역할은 실로 막중하다. 경영을 잘해서 종업원들을 먹여 살려야 하고 타 경쟁업체와의 싸움에서도 이겨야만 한다. 이와 같은 사장의 기본적 임무와 역할은 대기업의 사장이나 작고 영세한 회사의 사장이나 매양 마찬가지다.

그렇지만 사장의 임무와 역할이 이처럼 막중하다고 해서 몸이 열 개라도 되는 양 처음부터 끝까지 도맡아 처리할 수는 없는 일이고, 또한 그렇게 해서도 안 된다. 그렇게 하다가는 나무 하나하나는 잘 보지만 숲 전체의 모양은 어떻게 생겼는지 모르는 경영자가 되고 만다.

사장은 맥만 짚어 내면 된다. 맥을 짚어 보아 우리 회사가 어딘지 모르게 맥이 풀려 있다고 생각되면 그 원인을 면밀히 살펴 미리미리 그에 따른 처방만 하면 된다.

사원들의 팀웍이
어떤가를 체크하라

대기업이라면 사원이 몇 명쯤 빠져 나간다고 회사 일에 차질이 생기지 않겠지만, 5~6인 회사의 경우에는 곧바로 회사 전체의 업무에 지장을 받는다. 따라서 5~6인 회사의 사장은 사원들이 회사에 정을 붙이고 오래 근무할 수 있도록 마음 깊은 배려를 잊지 말아야 한다.

특히 1년이 다 가도록 총수의 얼굴을 한번 볼까 말까 한 대기업과는 달리 매일 좁은 공간에서 생활하는 5~6인 회사의 경우는 사장의 평소의 자세, 얼굴 표정 하나, 말 한마디가 곧바로 직원들의 마음에 그대로 전달된다. 따라서 사장의 마음 자세가 곧 사원들이 회사에 정을 붙이느냐 못 붙이느냐 하는 관건으로 작용한다.

사장의 인품이 겸손하다면 사원들이 신뢰감과 존경심을 갖고 사장을 중심으로 뭉쳐 업무 추진을 하게 된다. 사기도 오른다.

그러나 사장이 사원들의 사정을 나 몰라라 하는 타입이라면 신뢰감과 존경심은커녕 사장이 안 보는 곳에서 사장의 험담을 늘어놓기 일쑤고 기회만 있으면 다른 직장으로 옮길 생각만 하게 된다.

이는 인지상정이다. 이런 분위기의 회사는 그 전도(前道)가 뻔하다. 또 이런 타입의 사장은 대외 교섭력 또한 기대치 이하인 경우가 대부분이다.

5~6인 회사의 사장이 사람에 대한 깊은 통찰력이 있어야 하고 또 정이 넘치는 사람이어야만 하는 이유가 바로 여기에 있다.

그렇지만 이 세상에 완전한 사람이 있을 수 없듯이 회사의 사장 또한 사람인지라 매사 완벽할 수는 없다. 오히려 모난 성격, 결점 투성이인 사람이 대부분이다.

그렇다 하더라도 사장의 평소 생활 모습이 사원들의 눈에 영 이해하기 힘들고 꼴사납게 비춰지면 5~6인 회사의 팀워크는 서서히 무너져 내리기 시작한다.

회사에 돈이 없어 직원들 월급을 제대로 못 주다가도 장사를 잘해서 아니면 어디서 빚을 얻어 몇 달 밀린 월급을 한꺼번에 지급하며

「미안하게 되었습니다. 심기일전해서 한번 잘해 봅시다. 사장인 나도 전보다 더 열심히 뛰겠습니다.」

이 같은 말 한마디에 더욱더 탄탄한 팀워크를 다질 수 있는 것이 작은 회사의 멋이라면 멋이다.

그렇지만 회사 운영이 잘되어 사원들의 월급을 꼬박꼬박 제대로 지급한다고 해도 사장이 상식을 벗어난 생활을 해왔다면 팀워크가 삽시간에 허물어짐은 물론, 다시 복원하기도 힘들게 된다.

회사가 좀 잘 돌아간다고 낡지도 않은 지금의 차를 직원용으로 돌리기는커녕 다른 사람에게 팔아 버리고 에쿠스 뭐뭐 하는 차로 바꾼다거나, 자신은 손님을 접대한다는 핑계로 고

급 요정에 드나들면서 사원들에게 출장비를 너무 많이 쓴다고
나무라거나,

밤새 어느 호텔 방에 들어앉아 마작이나 포커를 치고 부석
부석한 얼굴로 출근한다거나, 자기 자식이 결혼할 때는 으리
으리하게 하면서 사원이 시집 장가갈 때는 쩨쩨하기 그지없는
축의금을 그것도 벌벌 떨면서 낸다거나, 회사 돈을 빼내 개인
투자에 열을 올린다거나 하면 사원들은 배신감을 느낀다.

이런 배신감들이 하루 이틀 쌓이면 사원들의 사기는 물론이
고 서서히 사장을 불신한다. 하나 둘씩 회사를 떠나가기 시작
한다. 게다가 좀 당차고 똑똑하다 싶은 사원은 사장 몰래 장부
를 카피하여 사장의 일거수일투족을 모조리 체크한다.

말하자면 약점을 잡는 것이다.

그 다음 그 사원의 행동은 불문가지다. 검찰이나 세무서에
투서하거나 아니면 사장을 조용히 불러내어 협박을 한다. 같
이 한번 먹고 살아 보자고. 이래서는 사장 체모가 말이 아니
다.

반대로 사장의 평소 생활 자세가 진지하고 검소하면 사원들
은 모두 따라오게 되어 있다.

사원들 모두가 집을 살 때까지는 지금의 집을 결코 늘려 가
지 않겠다, 사원들은 걸어다니는 데 내가 고급 차를 끌면 말이
되느냐 회사 트럭을 타고 다니겠다······

이런 식으로 회사 경영에 임하면 사원들은 사장을 믿고 따
르며 회사에 애정을 갖게 된다.

자사의 대외적 이미지는 어떤가

현대 소비자들은 정보가 빠르다. 그들은 인터넷은 물론이고 라디오, TV, 신문, 잡지, 심지어는 일본의 NHK나 홍콩의 TV까지도 위성 안테나를 설치해서 시청할 정도로 무수히 많은 정보 매체들과 접하고 있다.

그들은 이 많은 정보 매체를 이용한 상품 광고들을 통하여 어디서 무슨 상품이 개발되었는지, 어느 기업은 어떠어떠한 상품들을 생산하고 있는지, 비누, 냉장고, 컴퓨터는 어느 회사에서 생산하고 또 그 가격은 얼마고, 디자인은 어떻고, 어떤 상품의 장점은 뭐고 단점은 무엇인지를 전문가 빰칠 정도로 자세히 알고 있다.

이처럼 사건, 사고 및 상품 지식에 정통한 소비자들을 상대로 하는 기업들은 과거처럼 대충대충 만든 상품에 포장만 그럴듯하게 하고 여기에 대대적인 광고 공세를 퍼붓는 식의 상술을 가지고는 더 이상 버티기 힘들게 되었다.

이에 기업들도 정신을 차리고 앞 다투어 고급 기술 개발에 박차를 가하여 타 경쟁 업체에 비해 조금이라도 품질이 앞서는 상품이나 서비스를 가지고 소비자들에게 어필하는 전략으로 나서게 되었다.

또한 비슷한 품질의 상품이나 서비스라면 그래도 어딘지 모르게 호감이 가는 기업이라는 차별적 이미지를 소비자들에게 심어 주어 장기적 관점에서 잠재 고객들을 개발해 나가는 전략으로 궤도 수정을 하기 시작했다.

특히 소비재 용품 제조 업체나 유통 업체들은 기업 이미지가 섣부른 상품 광고보다 몇 백 배 이상의 매출 증대 효과를 가져온다는 연구 결과가 나온 후부터 자신들의 역량을 총동원하여 소비자들에게 자사의 기업 이미지를 높이는 데 최대의 노력을 기울이고 있다.

이런 맥락에서 5~6인 회사의 대외적 이미지는 상당히 중요한 경영사항으로 등장하기 시작했다.

이하 우리 5~6인 회사의 이미지업(Image-Up) 문제에 접근해 보자.

1. 상호 및 심벌 마크의 재정비

수 많은 계열사를 거느리고 있는 재벌 회사나 중견 기업체들은 요즘 자사의 기업 이미지를 높이기 위한 기초 작업으로 상호나 로고를 새로 제정하거나 통일화시키는 작업에 박차를 가하고 있다. 많은 돈을 들여서 그런지 하나같이 멋있고 저절로 친근감이 느껴질 정도의 훌륭한 상호와 로고들이다.

5~6인 회사 특히 소비재를 취급하는 5~6인 회사나 점포역시 이런 추세에 뒤져서는 안 된다. 추세에 뒤지지 않기 위해 무턱대고 바꿀 필요는 없겠지만 기존의 이미지나 거래처 사정등을 면밀히 검토하여 변경하는 것이 더 유리하다는 결론이나오면 재정비하는 것이 좋다.

로고 문제는 각 사에 알맞게 디자인하기로 하고, 여기서는 상호 문제만 잠시 언급하고자 한다. 세제화 개방화 시대를 맞아 상호 역시 국제적인 관점에서 선정되어야 한다. 우선 영문 표기와 중국식 한자 표기 그리고 한글 표기에 무리가 없는 상호면 무방하다.

특히 상호 선정에 있어 한글 풀이가 아무리 훌륭하더라도 영문 표기로 바꾸면 어색하거나 부정적 의미를 갖게 되는 상호는 절대 피해야만 한다.

대표적인 예로 우리 나라 최대 기업인 현대의 상호를 보면, 「현대→現代 → Hyundai」식으로 각각 표기된다. 그런데 이 영문 표기의 발음에 문제가 있다. 「현다이」의 「다이(dai)」가 「죽음」이라는 뜻의 「다이(die)」를 연상시키는 것이다. 실제로 현대는 이 표기 때문에 미국 시장의 판로 개척에 적지 않은 애로를 겪었다. 이처럼 상호 선정에는 많은 주의를 요한다.

더군다나 WTO 체제하에서는 상표권을 대폭 강화하고 있으므로 유사 상호를 사용하다가 나중에 낭패보는 일이 없도록 주의해야 한다. 그리고 무한한 잠재 시장인 중국을 염두에 둔다면 중국식 한자 표기에도 만전을 기해야 한다.

2. 돈 안 들이고 이미지 업할 수 있는 방법

대표적인 가전 3사를 비롯한 대기업들은 제품 광고는 주로 신문을 이용하고 기업 이미지 광고는 TV의 황금 시간대에 하고 있다. 한솔제지, 뉴텍 컴퓨터 등 중견 기업들도 이에 가세하고 있어 가히 이미지 광고의 시대라고 부를 수 있을 정도다.

그들은 하나같이 「대한민국 사람들의 건강을 최우선시하고, 우리 후손들의 내일을 위해 노력하고, 보다 편안하고 안락한

문화 생활을 위해 연구하는 기업 ○○○」 하는 식으로 떠들어댄다. 그리고 「세계 초일류를 지향하는 기업 ○○○」라는 식의 코멘트를 빠뜨리는 법이 없다.

여기서 이들 기업이 도덕적으로 나쁜 기업이라는 것도 또 이들 기업의 이미지 광고 자체를 꼬투리 잡고 늘어지려는 것도 절대 아니다.

다만 한 가지 어느 기업이건 간에 나쁜 일만 골라서 하던 기업이라면 아무리 돈을 많이 들여 좋은 기업이라고 광고를 한다고 해도 이미 버려진 이미지가 하루 아침에 바꿔지는 않는다는 것을 지적하고자 한다.

물론 광고에 의한 이미지 업 효과는 상당하다. 그렇지만 평소 그 기업의 행실이 공익을 우선하고, 좋은 일을 많이 해온 기업이라면 굳이 TV 광고를 대대적으로 하지 않는다고 해도 소비자들은 그 기업을 사랑하고 아끼게 마련이다.

바로 이 점에서 5~6인 회사나 점포가 소비자들에게 이미지 업할 수 있는 여지가 생긴다. 즉 평소에 돈 안 드는 좋은 일을 하면서 기본적 이미지를 닦아 놓고, 여유가 있을 때 광고 한두 번 하면 대기업 이상의 이미지 업 효과를 올릴 수 있다는 말이다.

돈 안 드는 이미지 업 수법은 챔프통상의 유창열 씨를 따라갈 만한 기업가가 없을 듯싶다. 그가 사용했던 방법을 몇 가지 소개하고자 한다.

1) 미아 찾아 주기 캠페인

진심에서 우러나오는 미아 찾기 운동을 펼쳐 보자. 미아들의 사진과 인적 사항이 적힌 전단을 1만 장쯤 만들어 매주 월요일 오전 출근 시간에 광화문 지하도 같은 곳에서 전 직원이 어깨 띠를 두르고 지나가는 사람들, 회사에 출근하는 샐러리맨들에게 일 주일에 한 장씩 나누어 주자.

이것을 다 소화하자면 일 주일에 한 차례씩 나가니까 약 한 달쯤 걸릴 것이다. 이렇게 해서 1차 분이 다 소화되면 제일 밑에 상호가 인쇄된 전단을 다시 1만 장쯤 만들어 강남 지하철역 입구에서 역시 똑같은 방법으로 나누어 주자. TV나 잡지, 신문사 등에서 취재하려고 반드시 나올 것이다.

2) 자연 보호판 설치하기

북한산, 도봉산, 관악산 등은 주말이나 휴일이면 자연과 접하고자 하는 사람들이 어김없이 찾아온다. 말하자면 건전한 의식을 가진 사람들이 많이 몰리는 곳이다.

이곳 등산로 곳곳에 회사 상호가 조그맣게 들어간 「푸른 산 푸른 마음」 「산 산 산, 나무 나무 나무」 「사람은 자연 보호, 자연은 사람 보호」 등의 문구가 새겨진 자연 보호 안내판을 설치하자. 나무 말뚝을 박고 대형 안내판을 세우라는 것이 아니다.

조그만 명함만한 플라스틱판에 구멍을 뚫어 가느다란 철사로 나무에 매어 두기만 하면 된다. 일부러 시간을 내서 할 필요도 없다.직원들과 함께 야유회나 등산을 갈 때마다 한 50개

씩만 부착하고, 예정된 등산이나 야유회를 즐기고 오면 된다. 의외로 효과가 큰 데 스스로도 놀랄 것이다.

3) 쓰레기 수거 봉투 나눠 주기

위에서와 똑같은 요령으로 등산이나 야유회를 갈 때, 혹은 따로 시간을 내어 운동 경기장이나 야외 공연장 등을 찾아가 쓰레기 수거 봉투를 하나씩 나눠 주자.
물론 종이로 만든 대형 봉투여야 하고, 이왕이면 회사의 상호나 로고가 인쇄되어 있는 봉투여야 한다. 정 돈이 없으면 신문사를 찾아가 신문지 수거 봉투를 얻어다가 스탬프를 찍어서 사용해도 무방하다.

매출이 급락하고 있거나
그럴 징후는 없는가

대기업체라면 본업에서 벌어들이는 수입 이외에도 부동산 임대 소득, 증권 투자 등 재테크를 통해서 벌어들이는 소득이 무시 못할 정도이기 때문에 일시적인 매출 감소가 있더라도 충분히 버텨나갈 수 있는 여력이 있다.

그렇지만 영세한 기업이나 점포는 주 소득원이 한정되어 있으므로 매출의 급격한 감소는 곧 자금 운용의 압박 요인으로 작용함은 물론 경우에 따라서는 회사의 문을 닫아야 하는 사태로까지 연결되기도 한다.

따라서 5~6인 회사의 경영자는 잘 나가던 매출이 감소할 징후는 없는지 항상 주의를 기울여야만 한다.

예를 들어, 영업 사원들이 어딘지 모르게 사기가 저하되어 있다거나, 장부상의 재고량과 실재 재고량에 많은 차이가 난다거나, 어음 할인을 잘 해주던 사채업자가 왠지 모르게 시큰둥하게 대한다거나 하는 등등의 징후를 무심코 지나쳐서는 곤란하다.

이런 징후들이 보이면 어딘가에 매출 감소의 씨앗이 자라고 있다고 보면 틀림없다.

물론 노련한 사업가라면 직감이나 느낌으로 또는 매출 현황 장부의 매출 실적을 훑어보는 것만으로도 매출의 등락 경향을 대략은 알 수 있다. 하지만 대부분의 경우 그곳에는 매출 증가나 감소의 결과만 숫자로 기록되어 있을 뿐 그에 따른 징후나 정황들은 기록되어 있지 않다.

따라서 매출 현황 장부의 여백에다 그 당시 사용한 마케팅 방법과 설비 증설, 고객들의 동향 등을 그때그때 간단히 매모해 둔다면 매출 증가나 감소의 징후를 발견하는 데 큰 도움이 될 것이다.

또한 모든 발명에 대한 아이디어가 두꺼운 보고서가 아닌 간단한 메모 속에서 나오듯이, 이 메모들을 바탕으로 보다 기발한 돈벌이 형태를 생각해 낼 수도 있다.

여하튼 많은 징후들 중, 특히 거래처가 빅바이어(Big Buyer) 한 두 군데를 중심으로 형성되어 있는 5~6인 회사들은 고객의 동향을 늘 주의해서 살펴, 이상하다고 여겨지는 구석의 발견에 만전을 기해야만 한다.

매출 비중의 30% 이상을 몇 군데의 빅바이어에게 의존하고 있는 경우, 그 빅바이어가 부도를 내면 연쇄 부도 사태에 휩쓸리게 될 가능성이 많기 때문이다. 꼭 부도 사태가 아니더라도 강력한 라이벌이 더 좋은 조건과 로비력을 가지고 달려들면 다음해부터는 매출이 격감될 것은 뻔한 이치다.

따라서 바이어 쪽의 동향, 예를 들면 회사가 줄을 대고 있는 그 회사의 고위층이 퇴직할 가능성은 없는가, 그 회사가 본업을 벗어나 부동산이나 증권 투자에 무모하게 뛰어들고 있는 것은 아닌가, 그 회사 사장의 건강은 믿을 만한가, 그 회사의 중장기 계획에 지금 하고 있는 사업 부문을 폐기할 예정은 없는가 등등을 자세히 체크할 수 있는 시스템을 만들어야만 한다.

다시 한번 강조하지만, 매출의 감소는 회사 전체의 사기에 막대한 악영향을 줌은 물론 나아가서 위기를 불러오는 사안이다.

따라서 각 징후의 발단과 그 징후가 구체화되는 시기, 그리고 그 대비책의 강구에도 만전을 기해야만 한다.

점점 늘어가는 경비에 주의

돈벌이가 기본 목적이자 임무인 회사가 돈을 절약하지 않으면 이미 회사가 아니다.

아무리 돈을 많이 벌어들인다고 해도 절약을 못하면, 밑 빠진 독에 물 붓기 식의 악순환만 거듭될 뿐이다.

1. 매출의 증가에 따른 경비의 증가를 조심

우선 매출 증가에 따른 경비 증가에 주의해야 한다. 매출이 증가함에 따라 광고나 판촉 그리고 섭외 비용이 증가하는 것은 어떻게 보면 당연한 현상이다. 하지만 본말이 전도되어서는 곤란하다.

1억 광고를 해서 10억 매출 신장이 되어야지, 1억2천 광고를 해서 1억3천의 매출을 올린다는 것은 말이 안 되는 이야기다.

매출 증가에 따라 경비가 급팽창하는 것은 대부분의 경우 마케팅 전략이 비효율적이라는 것을 반증한다.

따라서 이 점에 대한 체크를 수시로 하여 극대 효율을 올릴 수 있는 마케팅 전략으로 수정되어야만 한다.

2. 조이익 증가 이상으로 경비가 늘어나면

다음, 조이익이 늘어나는 폭 이상으로 경비가 늘어나는 경우
역시 요주의 사항이다.

최소 1단위에서 이익을 보지 못하면 그것들이 모여 심각한
경영 압박으로 나타나기 때문이다. 이럴 때는 원가 절감 방안
에 대한 세심한 검토가 요구된다.

3. 실속도 없는 판공비의 증가

그리고, 실속이 전혀 없는 교제비의 지출은 극히 요주의해야
만 한다. 납품이 될까 말까 불투명하기만 한데 담당자를 요정
에 데리고 가서 술대접을 거나하게 한다거나, 1차로 간단히 목
을 축이고 헤어져도 될 사람을 잘 알지도 못하는 그 사람의
친구까지 함께 2차 3차 흥청망청 부어라 마셔라 하다가는 그
다음날 골이 띵하고 몸이 찌뿌드드하게 되는 것은 둘째 치고
라도 당장 경비 한도가 허물어지기 시작한다.

월말에 기억도 잘 나지 않는 술집에서 예쁘장한 아가씨가
술값 받으러 쭈뼛쭈뼛 사무실로 찾아와서는 진짜 곤란하다.

4. 기타 주의해야 할 사항들

이 밖에도 사무실 임대료, 자동차 유지비 등 사소한 것 같으
면서도 모이면 목돈이 나가야 할 요소는 극히 많다.

수전노가 되지 않으면 회사에 찬바람이 서서히 들어오기 시
작한다. 5~6인 회사의 알뜰한 살림살이는 사장의 몫이다.

대형 불량 채권이 발생할 여지는 없는가

가뜩이나 빠듯한 살림살이에 부도난 어음이 있으면 큰 곤욕을 치르게 된다. 경우에 따라서는 폐업 신고를 해야만 하는 지경에까지 이르게 된다. 믿을 만한 대형 거래처의 어음이 월말에 틀림없이 결제될 것으로 믿고 자금 지출 계획을 세워 놓았는데, 막상 부도가 났으면 그 이상의 낭패는 없을 것이다.

이하에서 대량 불량 채권의 발생에 따른 위험을 최소화시킬 수 있는 방안 몇 가지를 검토해 본다.

1. 거래처마다 여신 한도를 정해 놓고 거래하라

5~6인 회사가 거래하는 업체들은 각각 그 경영 상태와 재무 구조가 다를 것이다. 탄탄한 회사가 있는가 하면 불안해 보이는 업체도 있다.

따라서 A사는 월 1천만 원 이내, B업체는 월 2만 원 이내, C사는 월 1천5백 만 원 이내에서 현금 얼마, 어음 몇%로 거래한다는 원칙을 정하고 거래하는 것이 안전하다. 이렇게 한다면 대량 불량 채권의 발생에 따른 위험이 그만큼 분산되는 효과를 거둘 수 있다.

2. 상계(相計) 거래 방안을 모색하라

5~6인 회사의 입장에서는 바이어가 되는 거래처라고 하더라도 경우에 따라서 그 업체의 물건을 가져다 쓰는 거래처도 있다. 예를 들면, 특정 도매상에서 물건을 갖다 쓰면서 역으로 그 도매상을 통해 회사의 상품을 유통시키는 경우다.

이런 경우에 해당하는 거래처라면 서로의 채권과 채무를 월말에 상계 정산하기로 계약을 맺는 것이 좋다. 그렇게 하면 설혹 그 거래처에서 대형 불량 채권이 발생한다 하더라도 우리 회사의 채무를 가지고 상계해 버리면 그 피해를 최소화시킬 수 있기 때문이다.

3. 가능한 한 현금 위주로 거래하라

모든 매출을 현금으로 결제받을 수 있다면 그 이상 바람직한 경우는 없을 것이다. 하지만 웬만큼 탄탄한 기술력으로 무장된 독점 업체가 아니고서는 모든 거래처의 현금 결제는 거의 불가능하다.

그러나 신규로 거래하겠다고 나서는 업체나, 우리 회사의 상품이나 서비스가 아니면 도저히 그 대체품을 어디 가서도 구하기 힘든 소규모 거래처라면 철저히 현금 거래를 고집해도 무방하다. 말하자면 회사 매출 전부를 현금 결제로 할 수는 없겠지만, 가능한 한 현금 거래처의 비중을 높이면 그만큼 대량 불량 채권의 발생에 따른 위험을 줄일 수 있다.

4. 특정 거래처의 비중을 총매출의 20% 안팎으로 하라

어느 한 거래처와의 비중이 회사의 총매출의 40%를 넘어서면 위험하다. 소위 말하는 빅바이어에 해당하는 거래처라 하더라고 해도 그 비중을 40% 이내, 나아가서는 20% 안팎으로 낮출 수 있도록 노력하는 것이 장기적인 안목으로 보면 유리하다.

우리 나라의 수출에서도 쉽게 알 수 있는 사실이지만 대미 수출 의존도가 워낙 높다 보니까 미국이 감기에 걸려 그 수입량을 조금만 소화해 내지 못해도 우리 나라는 곧바로 독감에 걸리고 마는 이치와 같다.

5~6인 회사의 총매출 중 어느 한 두 빅바이어의 구매 비중이 40% 이상, 60% 가까이 이른다면 가파른 벼랑 위의 오솔길을 무거운 짐을 지고 가는 것처럼 언제라도 대형 추락 사고가 발생할 가능성이 높다고 봐도 무방하다.

제4장

5~6인 회사! 마케팅에 목숨을 걸어라

마케팅 기법은
바둑의 수만큼이나 다양하다

마케팅의 수는 가로 19줄, 세로 19줄에서 나오는 바둑의 수만큼이나 다양하고 심오하다. 일반적으로 판매량을 좌우하는 변수라고 보는 가격만 해도 그렇다.

자사의 상품을 싸게 팔면 사람들이 모인다. 평판도 얻는다. 실제로 잘 팔리기도 한다. 그래서 다른 가게보다 싸게 팔고 있다는 점을 강조하기 위해 「8,000→ 6,500원」이라고 써붙이는 경우도 있다.

그렇지만 이렇게 팔면 별로 부가가치를 높이지 못한다. 그러면 반대로 아주 고가로 판매한다면 어떨까? 평판도 얻을 수 없고, 사람들의 주목도 받을 수 없을까? 값싼 것만 잘 팔린다는 법은 없다. 실제로 고가 정책으로 큰 이득을 본 사람들도 많다.

존 C.영은 뉴욕에 있는 ST 로이더 본사에서 보낸 공문을 앞에 놓고 고민에 빠져 있었다. 미국 내에서도 고가로 유명하여 몇몇 부유층에서 밖에 수요가 없는 화장품을 일본에서 팔아 보라는 지시서였기 때문이었다. 영 씨는 동경 지사에서 오랫동안 근무한 관계로 일본 화장품 시장의 사정을 누구보다도 잘 알고 있었다.

즉 가격이 다섯 자리가 넘는 화장품을 사용하고 있으면 왜 그런 것을 사용하는지 이해가 안된다면서 멸시의 눈길을 보내는 풍토에다가 민족적인 색채마저도 드세 외국 상품을 바라보는 시각도 곱지 않고, 헤아릴 수 없을 정도로 많은 화장품 회사들이 난립하고 있으며, 판매하고자 하는 그 최고급 화장품이 일본에 전혀 알려져 있지 않은 상태 등, 허다한 장애 요인들이 겹쳐 있는 실정이었다.

그러나 영 씨는 주도 면밀한 계획을 세우고 하나의 행동을 개시했다.

우선, 고급 백화점 중에서 신용이 있고 신선한 느낌을 주는 곳 몇 군데를 엄선하여, 뉴욕에서 온 자료를 보내는 작업부터 시작했다.

예를 들면 「포그」와 같은 고급 패션 잡지에 실린 것으로 일류 디자이너가 디자인한 의상을 입은 모델이 「화장품은 ST 로이더 사의 제품을 사용하고 있습니다.」라는 소개를 하고 있는 자료를 보냈다.

이런 자료들을 보내자 백화점 측에서 관심을 보였다. 이에 영 씨는 오사카에 한 곳, 도쿄에 한 곳 정도만 취급점을 포진시킬 작정으로 은밀한 상담을 펴나갔다. 몇몇 곳에서만 구매할 수 있는 희소 가치 있는 상품으로 인지시킨다는 전략에서 나온 발상이었다.

다음은 상류층 부인들을 대상으로 「ST 로이더」라는 회사의 존재를 홍보하는 데 주력했다.

지명도 제로의 상품을 그녀들에게 알려 상류층들의 엘리트 의식을 자극시키려는 의도였다. 이와 동시에, 수많은 부인용 잡지 중에서 센스가 뛰어나고 세련된 잡지를 선정, 대대적인 광고에 나섰다.

카피도 「정가 6만8천 엔의 크림」이라는 쇼킹한 문안을 사용했다. 이 광고가 나가자 곧바로 그 가격이 화제로 떠올랐다. 6만8천 엔이라면 웬만한 직업 여성의 한 달치 월급에 해당되는 액수였으니 화제가 된 것은 당연했다.

정식 판매 직전, 존 C.영은 비장의 히든 카드도 준비해 두었다. 몇가지 화장품을 담은 아름다운 청색 바구니를 잠재 고객으로 선정된 부인들에게 보낸 것이다. 그것도 예쁘게 화장한 세일즈우먼들이 자동차로 그네들의 집까지 일일이 배달해 주었다.

드디어 제품 출하가 개시됐다. 다이마루 점(店)에서는 하루만에 매진, 다카시마야 점에서는 하루 매출이 1백만 엔 이상. 그 후에도 그 판매 속도는 무서울 정도였다.

여기서 잠시 짚고 넘어갈 것은 제품 모두가 6만8천 엔은 아니라는 사실이다. 3천 엔짜리 로션, 2천5백 엔짜리 아이크림 등도 있었다. 물론 이런 제품도 다른 회사의 제품에 비하면 상당한 고가임에는 틀림이 없다.

그렇지만 그는 보기좋게 성공했다. 마케팅이라는 것은 이런 것이다. 한만디로 천변만화하고, 노련하고, 시의 적절한 방법을 구사해서 많은 부가가치를 올리자는 것이 마케팅이다.

5~6인의 작은 회사도 마케팅 전략은 필요하다

마케팅 전략의 수립이라니까 무슨 대단한 일로 느껴지겠지만, 알기 쉽게 설명하자면 5~6인 규모밖에 안 되는 우리 회사가 지속적으로 많은 매출을 올리자면 어떤 방향 및 방법으로 팔아야 할 것인가를 정하자는 것이다.

그리고 넉넉치 못한 자금과 소수의 영업 인력을 어떤 식으로 배치해야 가장 효율적으로 판매할 수 있을지에 관한 기본 방침을 정하자는 것이다.

이 판매 전략이 명확하게 수립되어 있어야만 한정된 인원의 힘을 집중시켜 소기의 경영 목표를 달성할 수 있다.

반대로 이것이 제대로 수립되어 있지 않으면 영업 사원들은 방향을 찾지 못하고 나름대로의 고민에 휩싸인 채 우왕좌왕하게 된다. 이렇게 되면 자신들의 능력을 제대로 발휘하지 함은 물론이고 영업의 재미를 느끼지 못하게 된다.

싸움에 임하는 병사들이 우왕좌왕아고 신바람을 타지 못하면 백 번 싸워 봐야 백 번 지듯이 회사에 있어서도 매출의 증가는 꿈도 못 꾸게 된다.

이렇게 본다면 얼마 안 되는 사원들의 마음을 한 곳으로 모으고 회사 전체의 분위기를 생동감 있게 끌고 가기 위해서라도 마케팅 전략의 수립은 반드시 필요하다.

그렇다면 마케팅 전략은 누가 짜야 할까? 대기업이라면 기획실에서 참모의 역할을 톡톡히 해내지만 5~6인 회사에서는 참모의 역할을 해낼 부서가 따로 있을 리 없다.

그러므로 처음부터 끝까지 사장의 머릿속에서 나와야만 한다.

사장이 일단 마케팅 계획안을 내어 사원들의 의견을 수렴한 후 다시 사장 선에서 최종안을 확정하는 순서가 가장 무난할 것이다.

너무 독창적인 전략은 무리다

그러나 여기서 한 가지 주의할 점은 너무 독창적이고 획기적인 마케팅 전략을 세우려고 애쓰지 말일다. 「뱁새가 황새를 좇아가려고 하다가는 가랭이가 찢어진다.」는 말을 하려는 것이 아니다. 황새가 돈 버는 지름길이고 옳은 마케팅 전략의 표본이라면 당연히 좇아가야 한다.

그렇지만 머리속에서 만들어진 또는 이론상으로 소개된 현실성이 없는 마케팅 전략을 가랑이가 찢어질 것을 각오하고 좇아가는 만용을 부리지 말자는 이야기다.

이것은 특히 사업 경험이 별로 없고 의욕이 넘치는 젊은 사장들에게서 많이 발견되는 현상인데, 어떤 경우에는 이 넘치는 의욕이 가뜩이나 허약한 5~6인 회사의 체질을 더욱 약화시키는 질곡으로 작용하기도 한다.

사업 경험이 많지 않은 기업가들 중에는 도매상 등 중간 유통 업자의 농간이 두려워 혹은 기존의 방법으로는 도저히 시장을 파고들 수 없을 것 같은 염려 때문에 기발하고 획기적인 판매 방법 쪽으로만 머리를 돌리는 사람들이 의외로 많다.

그러나 이런 사람들 대부분은 이것저것 시도해 보다가 다시 원점으로 돌아와 타 경쟁 업체에서 하고 있는 기존의 판매 방법을 따라가기 일쑤다.

이 방법 저 방법 시도해 보다가 기존의 판매 방법으로 돌아오는 경우는 보나마나 돈과 시간만 소비하고 새롭게 시도한 판매 방법이 효과가 없다는 것을 절감한 경우이거나, 새로운 판매 방법이 그야말로 좋은 방법이기는 했는데 자금이 없어 하는 수 없이 포기한 경우, 둘 중에 하나일 것이다.

첫번째 경우는 논의의 가치조차 없지만, 두 번째 경우는 그동안 허비한 돈과 시간도 아깝지만 그 새로운 마케팅 방법이 어설프게 노출되어 버렸다는 사실이 더 뼈아프다. 이 경우는 죽 쒀서 개 준 꼴보다 못한 결과를 낳는다.

여기서 우리가 취해야 할 방향은 어느 정도 명확해진다.

5~6인 회사나 점포는 어설프게 기발하고 획기적인 마케팅 전략을 짜기보다는 한 수 위에 있는 경쟁사의 마케팅 전략을 세밀히 검토하여 그 장점을 취하고 약점을 보완하는 철저히 흉내내고 응용하는 전략으로 나가야 한다.

상품의 개발에 있어서도 발명 특허 상품보다는 흉내내어 변형한 실용 신안 상품이, 실용 신안 상품보다는 더 나중에 소비자의 기호에 맞게 치장한 의장 등록 상품이 더 히트 치는 경우가 많듯이, 마케팅 전략 역시 잘해 보려는 의욕이 너무 앞서 실천할 수도 없는 획기적인 전략을 세우려고 시간과 돈과 정력을 낭비하는 것보다는 흉내내기가 더 현명한 자세이며 지혜로운 비즈니스 감각이다.

요사이 새로운 마케팅 방법으로 각광을 받고 있는 네트워크 마케팅이나 텔레 마케팅 역시 처음 시도한 사람은 돈과 정력만 낭비한 채 망하고 말았고, 분위기가 무르익을 시기를 노려 기존의 방법을 수정 보완한 후발 업체들이 성공하고 있다.

세계 제일의 부국 일본이 흉내내기 챔피언국이라는 것은 누구나 다 아는 사실이고, 중소기업인 동방제약의 「징코민」에 재벌 기업 선경의 「기녁신」 역시 그렇고, 유창렬 씨의 「챔프 마케팅」 방식에 윤석금 씨의 「웅진 마케팅」 방식이 그렇다.

하여간 개척자는 근근이 라면이나 먹고 살지만 후발 흉내내기의 천재들은 스테이크를 배 두드려 가며 먹고 사는 것이 현실이다.

그렇다면 5~6인 회사는 한 수 위인 경쟁사의 어떤 면을 검토하고 또 흉내내야 할 것인가? 검토해야 할 경쟁사의 면면은 업종에 따라 다르겠지만 대략 살펴보면 다음과 같다.

<u>1. 서비스 업종</u>

우선, 일반 서비스 업종이라면 경쟁사의 이벤트 등 판촉 방법, 고객에 대한 접객 기술, 고객 관리 기술 등이 기본 사항이 될 것이고, 엔지니어링 서비스나 시장 조사 서비스처럼 수주형 서비스 사업이라면 위 기본 사항 이외에도 수주를 어느 인맥을 통해서 받는지에 대한 것과 그 연줄 외의 접근 방식은 어떤 것이 있는지를 면밀히 조사해야 할 것이다.

또한 같은 서비스업이라도 고도의 지식 관련 서비스업이라면 그 업체가 어떤 방식으로 사회적 권위를 높여 나가고 있는지와 똑같은 공문 형식의 안내장이라도 어떤 스타일로 작성 배포하고 있는지 그리고 자료 및 정보의 관리는 어떻게 하고 있는지를 세세히 살펴야 할 것이다.

<u>2. 유통업</u>

소매업이라면 경쟁사의 상품 구성, 구매선의 가격 수준, 선전 방법, 접객 태도 등을 중점적으로 조사해야 할 것이고, 도매업이라면 소매점과 거래를 트고 또 그들을 단골로 만들어 나가는 수법, 구매선이 어디인지 등이 중점이 될 것이다.

특히 취급 상품이 계절 상품이나 유행 상품이라면 구매 타이밍, 상품 선별 방법, 재고의 처리 방식, 그리고 배송 방식 등을 면밀히 체크해야 할 것이다.

<u>3. 제조업</u>

또 제조 업체라면 경쟁사의 대리점 및 특약점의 분포, 상품 개발은 어떻게 하고 있는지, 주요 마케팅 타깃은 어느 계층인지, 하청선은 어디고 그 계약 조건은 어떠한지를 자세히 살펴봐야 할 것이다.

이렇게 경쟁사들의 면면을 검토하다 보면 자연히 그들의 장점과 보완해야 할 점들이 눈에 들어온다. 이 모든 점들을 염두에 두고 마케팅 전략을 짠다면 큰 무리 없이 판매 성과를 올릴 수 있을 것이다.

끝으로 한 가지, 참조해야 할 경쟁사를 국내에만 한정시키지 말고 선진국의 마케팅 전략 역시 검토의 대상으로 삼는 것이 좋다. 특히나 시장개방으로 외국 업체가 국내로 몰려들어오고 있는 지금, 그들과의 경쟁에서 이기기 위해서라도 이 점은 결코 소홀히 해서는 안 된다.

마케팅 타깃을 정확하게 잡아라

5~6인 회사나 점포의 마케팅 전략을 세우는 데 있어 가장 중점을 둬야 할 것은 한정된 자금과 인력을 어떻게 하면 최대로 활용하여 매출의 극대화를 이룰 수 있을까 하는 것이다. 마케팅의 효율을 극대화하려면, 군사 전략에 있어서도 공격 목표를 정확히 잡아 그곳에 집중 포화를 가하듯, 마케팅 역시 공략 타깃을 명확하게 하는 것에서부터 출발해야 한다.

즉 취급 상품이 실버용품이라면 그 상품을 60대 이상의 노인층을 대상으로 판매할 것인지 아니면 40~50대의 뉴그레이층을 대상으로 판매할 것인지, 공략 타깃을 명확하게 설정해야만 마케팅 초점이 흔들리지 않게 된다.

일반 소비자가 아닌 회사나 공장을 대상으로 설비나 부품 서비스를 판매하는 경우에 있어서도 마찬가지다.

기계 설비 공장을 주 타깃으로 하여 판매할 것인지 아니면 전자회사를 대상으로 할 것인지를 우선 명확하게 정해야만 한다.

1차로 주된 공략 타깃이 정해졌다고 해도 그 대상을 가능한 한 더 세분화시키는 작업도 필요하다. 위의 예에서 똑같은 실버용품이라도 1차 60대 이상의 노인층을 공략 타깃으로 정했다면 이를 다시 세분화하여 고급 부촌의 노인들을 상대로 할 것인지,

아니면 마을 경로당에 출입하는 노인들을 대상으로 할 것인지, 아니면 노인을 모시고 사는 자녀들을 대상으로 할 것인지, 보행이 불편한 노인들만을 대상으로 할 것인지 등 가능한 한 세분화시키는 것이 치밀한 마케팅 전략을 수립하는 데 도움이 된다.

또 회사를 상대로 마케팅 타깃을 정했다 하더라도 전자 업계 회사 중에서 컴퓨터 조립 회사만을, 컴퓨터 조립 회사 중에서도 종업원 10인 이상 30인 이하의 회사만을 주된 공략 대상으로 한다는 식으로 세분화시키는 것이 판매 노하우의 축적 및 고정 고객의 확보 등 여러 면에서 유리하다.

아래는 목표 고객의 정확한 설정으로 성공한 예와 그 반대로 목표 고객 설정의 잘못으로 실패한 예들이다.

1. 중장년층을 집중공략

프라그를 제거하는 효능을 가진 브랜닥스 치약을 만든 J사에서는 프라그로 고민하는 중장년층을 집중공략하여 L치약사의 아성을 상당부분 파고드는 데 성공했다.

2. 성인 자녀들을 타깃으로

나이후랑이라는 상품은 똑같은 노인용 신경통 약이면서도 노인층을 타깃으로 잡기보다는 그 노인들을 모시고 있는 자녀들의 효도심을 자극하는 마케팅 방법으로 타 유사상품을 누르는 데 성공했다.

3. 10대 후반층을 집중 공략

창업 10여 년만에 국내 2위의 의류업체로 부상한 이랜드사는 타업체들이 고가의 패션의류에 집착하고 있을 때 브렌따노, 언더우드 등 감각적 브랜드명과 편리함 그리고 실용성을 앞세워 10대 및 20대의 젊은층을 집중 공략, 공전의 히트를 쳤다.

4. 타깃을 불특정 다수인으로 잡다가

P유지는 당시 L치약보다 품질면에서 앞서는 불소치약을 개발해 놓고서도 목표 고객을 불특정 다수의 성인으로 설정하고 대대적인 광고 공세를 펴다가 L치약사의 역공에 휘말려 시장 침투에 실패했다.

위 사례들에서도 알 수 있듯이 단시일내에 큰 돈을 벌어들일 욕심으로 공략 대상을 넓게 잡으면 죽도 밥도 안 되는 결과를 낳는다. 차라리 처음부터 공략 대상을 좁게 그리고 명확하게 잡아, 작더라도 알뜰한 판매에 나서서 그 속에서 탄탄한 재생산 구조를 확보하는 것이 보다 현명한 방법이다. 이런 바탕이 마련되어야만 5~6인 사업체의 발전도 도모할 수 있다.

유연한 상품구성으로
마케팅 현장에

　1차 공략 대상으로 할 고객층이 확실하게 설정되었으면, 판매 방법의 모색에 앞서 회사 자체의 아이템이 과연 그 공략 대상에게 어필될 만한 것인지를 다시 한번 냉정하게 짚어 보는 것이 필요하다. 앞에서도 언급했지만 아이템의 성공 여부는 소비자가 말해 주는 것이지 회사 자체의 판단에 달려 있는 것이 아니다.

　따라서 아이템에 대한 판단 형식도 「야, 이거 신기한 아이템이구나」 아니면 「상당히 획기적이고 편리한데, 이거 팔릴 만하겠구나」 라는 형식의 판단은 백이면 백 다 잘못된 판단이 되기 쉽다.

　반대로 「나 자신은 솔직히 별로인데, 소비자들이 좋아하는군. 내참, 소비자들의 심리는 알 수 없어!」 하는 식으로 판단된 아이템이 생명력 있는 아이템이다.

　자세한 사항은 뒤에서 언급할 자사의 상품이나 서비스가 과연 팔릴 것인지를 알자면의 절을 참조하기 바란다. 여기서는 기타 주의 사항 몇 가지를 언급하고 넘어가고자 한다.

1. 회전율을 감안한 상품 구성

우선 일반 소비자용 아이템을 취급하는 경우 상품 구성은 회전율이 높은 상품과 조이익률이 높은 상품이 적당히 믹스되도록 신경써야 한다. 일반적으로 잘 나가는 상품 즉 회전율이 빠른 상품은 조이익률이 낮고, 조이익률이 높은 상품은 반대로 회전율이 낮게 마련이다.

따라서 사업 초기에는 회전율이 높은 상품 쪽에 비중을 두어 회사가 지속적으로 운영될 수 있도록 상품 구성을 하는 것이 좋다. 굳이 적당한 비율을 찾는다면 6.5 : 3.5 혹은 7 : 3 정도가 무방할 것이다.

2. 상품의 다양성과 구색 갖추기

전문 업종과 같은 몇몇 예외가 있기는 하지만, 자료나 정보 서비스업이라면 자료나 정보의 가짓수를 최대한 늘려 소비자의 선택의 폭을 넓히는 것이 상품 구성의 묘미가 될 것이다. 마찬가지로 완구, 액세서리 등의 장신구, 팬시점, 출판, 향수 판매, 아동복, 문구 등의 업종 역시 색상, 기능, 내용, 디자인 면에서 다양한 구색을 갖추는 것이 좋다. 단, 다양한 구색을 갖추는 경우에도 공략 타깃에는 흔들림이 없어야 한다.

3. 신선한 상품의 구비

상품 구성을 늘 신선하게 하는 것 또한 중요하다. 제아무리 좋은 상품이라도 일정한 라이프 사이클이 있게 마련이다. 아무리 마케팅 기술이 뛰어나다고 해도 상품이 제 생명을 다하고 사라지는 데야 어쩔 도리가 없다.

그러므로 회사가 소매 상점이라면 자주 밖에 나가 요즘 유행하고 있는 새로운 상품에 대한 정보를 그때그때 수집해야 한다. 그리고 그 상품을 구비해 놓아 고객으로 하여금 그곳에 가면 왠지 모르게 그것을 보는 것만으로도 즐겁다는 인상을 심어 줄 정도는 되어야 한다.

회사가 제조 업체라면 꾸준히 신제품을 만들어 그 회사는 뭔지 모르게 열심히 뛰고 있구나 하는 인상을 소비자들에게 심어 줘야 한다.

물론 위 세 가지 작업들은 모두 5~6인 규모의 영세 사업체 입장에서 보면 많은 돈이 들어가고, 사전에 철저한 시장 조사가 선행되어야 하는 어려움이 따르지만, 그런 어려운 여건 속에서도 최선의 노력을 경주하는 것이 바람직하다.

여하튼 이상에서 지적한 상품 구성에 있어서의 세 가지 측면 즉 상품의 회전율 및 조이익률에 따른 상품의 구성 문제, 구색 갖추기 문제, 그리고 신선한 상품의 구비 문제를 항상 점검하여 본격 마케팅에 나서기 전에 보완해야 한다.

뿐만 아니라 경쟁사보다 한 발씩 앞서서 이루어져야만 한다. 경쟁사보다 한두 발짝 뒤지면 그 결과는 보나마나다.

신축성 있는 가격정책을

아무리 작은 회사라도 자금, 기술 등 역량만 탄탄하다면 가격만큼은 충분한 신축성을 갖는 것이 좋다. 말하자면 가격의 주도권을 쥐고 경쟁사의 그것이 우리 회사의 상품이나 서비스보다 별 볼일 없는 것이고 또 경쟁사의 숫자도 많지 않다면 가장 비싼 값을 매겨 조이익률을 최대로 높이고, 불경기에 빠지거나 치열한 경쟁이 붙으면 가장 싼값에 판매하거나 입찰해서 매출량을 늘리는 그런 수단이 필요하다.

그러나, 불행하게도 현실에 있어서는 5~6인 회사들 대부분이 가격에 관한 한 주도권은 차치하고라도 질질 끌려 다니지 않는 것만도 다행일 정도로 열세에 놓여 있다.

물론 개중에는 대리점이나 가맹점의 경우처럼 본사나 공급처에서 미리 정해 준 가격에 맞추어 판매해야만 하는 특수한 경우도 없지 않다.

그렇지만 대부분은 영세 기업이라는 기분 나쁜 닉네임이 시사하듯, 자금력이 워낙 허약하므로 장기적 관점에서 적정한 가격을 매겨 느긋하게 안정적 수익을 도모하기보다는 낮은 가격으로라도 상품의 회전율을 높여 자금의 빠른 순환을 우선시할 수밖에 없는 악순환의 고리에서 헤어나지 못하고 있다.

바로 이런 이유 때문에 가장 전근대적인 마케팅 방법 중에 하나인 박리다매 상법이 아직도 무슨 만고 불변의 진리라도 되는 것인 양 애용되고 있는 실정이다.

특히 5~6인 규모의 하청 업체나 제조 업체의 경우, 자금의 부족으로 최신 설비나 장비를 도입하지 못하고 있고 따라서 기술 수준이 낮아 부가가치에 관한 한 타경쟁 업체와 전혀 차별성을 갖지 못하는 실정이다.

때문에 가격의 주도권을 갖지 못하고 원청 업체나 대형 유통상의 「당신네 아니더라도 일감 줄 데 많고 거래할 데 많다.」는 식의 배짱에 끌려 다니고 있는 형편이다.

더군다나 만만한 게 홍어 뭐라고 정부는 정부대로 5~6인 규모의 사업체가 많이 몰려 있는 개인 서비스 업체들이 서비스 요금을 조금만 올려도 영업 허가 취소와 같은 행정 규제를 가하겠다고 으름장을 놓기 일쑤다.

그렇지만 가격 신축성에 있어서의 현실이 아무리 어렵더라도 고가격에서도 경쟁력을 가질 수 있도록 해야 하고, 아주 낮은 가격으로 판매한다고 해도 적정 수익률은 보장되도록 기술과 기발한 마케팅 방법을 개발하고, 적극적인 원가 절감 방안을 모색해야 하는 것이 작은 기업이나 점포하는 사람들에게 주어진 사명이라면 사명이다.

이런 의미에서 외국의 실례 몇 가지를 들어보기로 한다.

1. 이웃 점포보다 항상 싸게 판매하는 방법

미국 미시간 주에 있는 가전 제품 판매점인 「플래터」 라는 이름의 점포는 항상 이웃 점포보다 상품을 싸게 판매하는 것으로 유명하다. 우리 나라에도 1,000냥 하우스니, 상설 할인 판매점이니 해서 저가격 경쟁력을 우위로 하는 사업체가 있지만, 그들이 타 할인 판매점보다 항상 값이 싸다고는 얘기할 수 없다.

그렇지만 미국의 이 점포는 항상 타 점포보다 싸게 판매하고 있다는 데 그 특징이 있다. 그 비결은 어디에 있을까? 출혈 가격으로 자기 자본 잠식이나 하고 있는 것일까? 천만의 말씀이다. 정상 수익을 내는 타 점포의 가격보다 1% 혹은 1달러씩만 싸게 팔면서 생색은 혼자 다 내는 약고 기발한 방법을 사용하고 있을 뿐이다.

작업은 의외로 간단하다. 일 주일에 한 번씩 판매 담당 사원이나 아르바이트 학생들을 동원해 경쟁 점포의 판매 가격을 확인한 뒤, 자동으로 그 가격보다 1% 또는 1달러씩 낮은 가격을 매기도록 프로그램된 고객 검색용 컴퓨터에 조사 결과를 입력하는 것이다.

플래터의 사원이나 아르바이트 학생들은 일 주일에 한 차례씩 자기가 담당한 백화점이나 가전 제품 양판점을 찾아가 상품 가격을 조사한다. 그리고 컴퓨터에 입력시킬 때도 신뢰도를 높이기 위해 조사한 사람과 조사한 날짜, 조사한 시각까지도 입력시킨다.

매장에 들른 고객이 컴퓨터를 켜면, 「플래터 제공 가격」이라는 거창한 타이틀이 초기 화면에 나타나고, 이어 타 경쟁 점포의 최저 가격보다 1% 혹은 1달러가 싼 가격들이 「이만한 가격이면 마음에 드시는지요」 라고 고객에게 이야기라도 하듯 일목요연하게 비교표와 함께 제시된다.

우리 나라도 그렇지만 컴퓨터 화면에 대한 일반인들의 신뢰도는 의외로 높다. 바로 이 점이 판매원의 애교 섞인 달콤한 권유 백 마디보다 한층 더 강한 소구력을 갖는다는 것이 이

상점 측의 설명이다.

같은 품질의 물건이라면 한푼이라도 싸게 판매해야만 그래도 경쟁력이 생긴다는 아주 간단한 원리를 컴퓨터라는 기기를 이용해 매출 신장을 이룩한 좋은 예이다.

2. 결코 할인 판매를 하지 않아 성공한 K사

일본의 목공 가구 부문에서 제 1위의 자리를 지키고 있는 K사는 소매 가격을 절대로 붕괴시키지 않는다는 방침을 일관되게 견지하고 있다. 이 가격 할인을 절대로 하지 않는다는 고집스런 영업 방침이 오히려 소비자들에게 좋은 이미지를 심어주고 있다.

가격 할인이 절대 안 되는 물건이기 때문에 소비자들에게 K사 제품은 좋은 물건이라는 이미지로 다가가고 있는 것이다.

「다른 회사는 2% 혹은 3% 심지어 세일 기간에는 5%까지 깎아 주고 있습니다. 그렇지만 우리는 아예 세일이라는 것이 없으며 고객이 아무리 사정해도 가격 할인을 해주지 않습니다. 단 우리 K사 제품은 최고라는 자부심 하나만은 누구에게도 뒤지지 않습니다.」

그 회사 총무과장의 말이다. 비록 중견 기업의 예이긴 하지만 우리 5~6인 회사나 점포에게도 시사하는 바가 크다.

호감 넘치는 브랜드명으로

　회사 자체의 이미지 업도 중요하지만 상품명 자체가 풍기는 이미지 역시 중요하다.

　아무리 황금 시간대에 광고를 하고 발행 부수가 많은 신문에 광고를 쳐도, 상품 이름에서 풍기는 이미지가 형편없으면 매출 역시 형편없게 된다. 말하자면 상품의 운명을 결정하는 중요 요소 중의 하나가 바로 상품명이다.

　특히 5~6인 회사가 소비재 업종이라면 더더욱 상품명 결정에 신중해야만 한다. 보잘것없어 보이는 이름이지만 잘못 지으면 이제까지의 모든 고생이 수포로 돌아가 버린다.

　이하에서 어떤 상품명이 소비자들에게 어필 효과가 큰지 몇 가지로 나누어 살펴보자.

1. 기억하기 좋고 발음하기 쉬운 이름은 오래간다

　상호도 그렇지만 상품 이름 역시 너무 어려우면 소비자들이 기억하는 데 애를 먹는다. 이름도 기억나지 않는 상품을 소비자들이 일부러 기억해서 구매해 주기를 바란다는 것은 어불성설이다.

　제품 내용이야 어찌 되었든 우선 발음하기 쉽고 기억하기 좋아야 한다. 일반적으로 멜로디성을 갖는 상품명이 기억하기 좋고 발음하기도 쉽다.

양말로 유명한 BYC, 소주의 대명사격으로 자리잡은 참이슬, 주현 컴퓨터, 정로환, 누네띠네, 에이스 침대, 나이키, 논리야 놀자, 나랑너랑 등.....

이들 상품명은 히트했기 때문에 유명한 브랜드명이 된 것이 아니라 발음하기 쉽고 기억하기 좋은 브랜드 네이밍(상품명 매기기) 전략이 주효했기 때문에 히트한 상품들이다.

2. 상품 특성을 쉽게 연상시키는 상품명이 좋다

상품명을 들으면 소비자들이 「아, 이런 특성이나 기능을 갖는 상품이겠구나.......」하고 쉽게 연상할 수 있는 이름이 좋다.

예를 들면, 강력한 에너지를 떠올리게 하는 「썬파워」 건전지, 마시기만 하면 속이 금방이라도 시원해지고 정신이 맑아질 것만 같은 「활명수」, 아무리 무거운 짐이라도 쉽게 옮길 것만 같은 「포터」 등을 비롯하여,

아무 곳에서나 심지어는 오지에서도 다 터질것 같은 느낌의 「에니콜」, 한 장씩 넘겨 보면 금방이라도 천재가 될 것만 같은 어린이용 학습지 「아이큐 점프」 등은 소비자들의 마음을 충분히 사로잡을 수 있는 상품명들이다.

3. 부정적 이미지는 절대 금기

상품명이 훌륭해도 팔릴까 말까 한데, 최종 결정한 상품명이 부정적 이미지를 연상시키는 것이라면 곤란하다.

한때 급성장 가도를 달렸던 대영 자전거는 수출 시장에서

「대영」이「다이영」으로 발음되어 외면당했다.

　D제약은 한창 자라나는 우리 나라 어린이들 영양제를 만들면서 일본에서 선풍적 인기를 끌고 있던 「와까모토」라는 이름을 그대로 차용하여 사용하다가 국민들의 반일 감정에 밀려났다.

　K출판사는 「Stone's Love」라는 책을 번역 출간하면서 책 제목을 「돌의 사랑」으로 정해 실패했다.

4. 전문 업종을 상대로 하는 상품이라면

　끝으로 회사나 공장을 상대로 하는 상품이라면, 상품명 역시 전문성, 기술 집약성, 정밀성을 최대한 부각시킬 수 있는 이름이 좋다. 예를 들어,

　정밀도를 요하는 화학 약품이나 전자 부품이라면 「K-100, K-200, K-300」처럼 시리얼 문자와 숫자를 응용한 상품명이 좋다. 한글과 컴퓨터사의 「한글 1.1, 한글 1.5D, 한글2.0, 한글 3.0」식이나 INTEL사의 CPU제품명 「INTEL-486, INTEL-펜티엄」식 역시 위와 같은 기술 집약도를 웅변해 주는 이름이다.

　정보 자료를 제공하는 서비스 전문 업체라면 산업 분류나 문서 분류 규격에 맞추어 코드화된 상품명이 효과가 크다.

　또한 세계 무역 상품 분류 번호인 HS넘버를 이용한 상품명도 생각해 볼 만하다.

극대 효과를 올리는
광고 마케팅의 전개

「광고」 하면 우선 원망만 앞서는 것이 바로 5~6인 회사다. 무슨 놈의 광고료가 그다지도 비싼지 히트할 만한 상품을 겨우겨우 만들어 냈는데, 팔기도 전에 이 광고료 앞에서 움찔 움츠러들고 만다.

그래서 아예 처음부터 광고라는 게 없었더라면, 제품 하나만 가지고 발이 부르트게 뛰어다니면서 남들과 공평한 경쟁이라도 해볼 수 있을 텐데 하는 허망에 젖어 보기도 한다.

물론 5~6인 회사 전부가 광고에 의한 마케팅을 해야만 하는 것은 아니다. 앞에서도 언급한 바 있지만 어설프게 광고하다가 오히려 권위만 실추시켜 매출이 떨어지는 업종도 제법 많다.

또 전문 오퍼상이나 엔지니어링 설계업과 같은 전문 업종들은 수요처가 한정되어 있으므로 DM 발송이나 팜플렛을 가지고 수요처를 일일이 방문, 설명하는 마케팅이 오히려 효과가 크다. 그러므로 굳이 비싼 매체 광고에 비중을 둘 필요는 없다. 따라서 여기에서는 주로 소비재 업종을 중심으로 광고에 의한 마케팅을 검토해 보고자 한다.

<u>1. 광고 매체의 선택 요령</u>

당연한 얘기지만, 값싸고 효과 만점인 광고 매체를 선택하는 일이 광고 마케팅의 첫 순서다. 광고 매체라고 하면 TV, 신문, 잡지, 라디오 등을 필두로 VTR 필름, 컴퓨터 통신, 컴퓨터 디스켓, CD 롬, 다양한 종류의 판촉물, 카드, 지하철 벽면, 거울, 전신주 등 너무나도 많다.

말하자면 소리, 영상, 문자 등 광고 내용을 담을 수 있고, 많은 소비자들이 그 내용이 무엇을 얘기하고 있는지 알 수 있고, 나아가서 구매하고 싶은 욕망을 불러일으킬 수 있는 것이라면, 그것이 유형의 것이건 아니면 무형의 것이건 모두가 광고 매체가 될 수 있다.

먼저 많은 시간이 소요되는 작업이기는 하지만, 이 수많은 광고 매체를 정리하여 공략 타깃으로 삼은 계층이 많이 접하는 광고 매체들을 선별해 보자. 이 작업을 마치면 매체 수가 많이 줄어들기는 했어도 5~6인 회사가 광고할 만한 매체가 의외로 많다는 사실에 놀라움을 금치 못할 것이다.

다음 이 1차 정리된 매체들을 다시 효과가 큰 것부터 시작하여 별 볼일 없을 것으로 예상되는 매체까지 순서대로 일련 번호를 매겨 정리해 보자. 이 작업을 하다 보면 돈이 많이 안 들어가고도 효과가 클 것으로 생각되는 광고 매체를 발견할 수 있을 것이다.

여기까지 정리가 되었으면 이번에는 각 매체의 광고료와 광고 담당자를 알아낸다. 그런 다음 서너 개의 매체를 최종 선택하여 어느 매체에 어느 정도의 광고를 할 것인지, 예를 들어

신문 3회, 라디오 1개월, 잡지에 1회 식으로 결정한다.

단 한 가지 주의할 사항이 있다. 싼 것이 비지떡이라고, 광고료가 싼 매체는 광고 효과가 거의 없을 가능성이 많다. 따라서 값싼 매체에 수백 번 광고하는 것보다는 오히려 광고료가 비싼 매체에 한두 번 집중 광고하는 것이 훨씬 더 효과가 크다.

2. 색다른 이미지를 창출하는 광고 카피

기존의 상품과 비슷한 신상품으로 시장 공간의 틈새를 비집고 들어가기는 지난한 일이 아닐 수 없다. 그렇지만 시장 공간을 자세히 관찰 분석해 보면 경쟁사가 미처 확보하고 있지 않은 빈 공간이 포착되게 마련이다. 이 얼마 안 되는 빈 공간에 신상품의 개념에 뚜렷한 차별을 두어 자리잡게 하면 의외의 효과를 거둘 수 있다.

지금은 그 인기가 한풀 꺾였지만 오피스텔의 분양 광고를 자세히 살펴보면 바로 이런 전략을 사용했음을 알 수 있다. 똑같은 평형이라도 아파트에 비해 가격이 비싸고 전용 면적이 작다는 사실은 감춰 두고, 1가구 2주택에 해당되지 않는 부동산이라는 점을 크게 강조하여 마치 오피스텔은 처분할 때 양도 소득세를 전혀 물지 않아도 되는 듯한 착각을 일으키게 해서 분양을 촉진시켰다.

요즘 장안에 화제가 되고 있는 C사의 하이트 맥주의 광고 전략도 바로 이 전략이다. 이미 맥주 시장에 탄탄한 아성을 쌓고 있는 D사와의 맞대결을 피하기 위해 「상쾌한 맛」「부드럽고 순한 맛」이라는 기존의 상품 개념을 과감하게 버리고

「지하 150m의 100% 천연수로 빚은 맥주」라는 전혀 새로운 이미지로 어필, 소비자들의 큰 호응을 불러일으켰다.

말하자면 소비자들에게 낯익은 「맛」의 이미지가 아닌 맥주의 주성분인 「물의 질」을 부각시켜 시장 침투에 보기 좋게 성공한 것이다.

이 밖에도 요사이 젊은 여성들 사이에 선풍적 인기를 끌어 64만 개라는 경이적 판매 실적을 올리고 있는 립스틱 「스칼렛 오렌지」는 기존의 섹스 어필적인 상품 이미지를 과감히 버리고 「이 봄을 정복하라」라는 젊고 활동적인 여성의 개성 표현 이미지로 어필하여 크게 성공한 예이다.

또한 「쉽고 재미있는……」 「……이야기」 「……여행」 식으로 제목을 붙인 철학, 물리, 수학 등의 전문 분야 서적들도 이런 분야는 어렵고 골치 아프다는 이미지를 불식시키고 친근감 있는 이미지로 전환시켜 성공한 좋은 예들이다.

오히려 효과적인 實演 마케팅

신상품을 빠른 시간 내에 널리 알리는 데 광고만큼 효과적인 수단은 없다. 그래서 아직도 많은 기업들은 마케팅하면 곧 광고에 의한 마케팅만이 매출의 신장을 보장하는 것으로 생각하고 있는 듯하다.

그렇지만 상품을 판매하는 데 광고에만 의존하는 것도 결코 바람직하다고 볼 수는 없다. 설사 이 방법에 의해 성공을 거두었다고 해도 과도한 광고 비용을 빼고 나면 별로 남는 것이 없을 수도 있다. 잘못하다가는 빚 좋은 개살구 되기 십상이다. 여기서 우리는 광고만큼 비싼 돈 들이지 않고도 짭짤한 효과를 볼 수 있는 방법인 「실연에 의한 마케팅」에 주목하고자 한다.

실연 마케팅은 문자 그대로 소비자들이 보는 앞에서 실제로 시범을 보이거나 소비자들로 하여금 음용(飮用)하게 하거나 사용해 보게 하면서 제품을 선전하는 방식이다. 경우에 따라서는 시범 현장에서 직접 판매하기도 한다. 말하자면 소비자들을 적극적으로 찾아 나서는 판촉 활동이다.

비록 지금은 노점상 규제니, 잡상인 출입 금지니 하는 이상한 행정 규제 때문에 진짜 재미있고 기발한 방식의 판촉 활동은 많이 사라졌지만, 아직까지는 이런 방법으로 판촉 활동을 벌이는 팀들이 적지 않다.

사무실이 많이 몰려 있는 여의도나 강남 전철역 근처에서 점심 시간을 틈타 자동차에 시판용 제품을 가득 싣고 회사원들을 상대로 갖가지 판촉 활동을 벌이거나 아파트 단지나 백화점 등지에서 커피나 주스 등의 음료를 지나가는 소비자들에게 직접 음용하게 하는 방법들이 여기서 이야기하는 실연에 의한 판촉 마케팅이다.

실연에 의한 판촉 마케팅의 장점은 첫째, 소비자들로 하여금 직접 사용해 보게 하거나 마셔 보도록 함으로써 상품의 브랜드 네임(Brand Name)을 정확하게 기억시킨다는 것이다.

둘째, 그러는 가운데 그 상품의 품질 및 특성을 확인케 하여 그에 만족한 소비자들이 자기 자신도 모르는 사이에 영향력 있는 그 상품의 선전자 역할을 하게 된다.

즉, 실연을 해본 그 소비자가 친구를 만나 이 얘기 저 얘기 나누다가 「야, 오늘 점심 시간 때 우연히 면도기 하나를 거저 얻었는데 써보니까 매끄럽게 잘 나가더라. 그 이름이 뭐더라 질 뭐라고 하던데. 아, 생각났다. 질레트. 그래, 질레트였어. 아마 빠레트(그림 물감을 풀어서 쓰는 도구) 사촌쯤 되는 모양이지. 하하하.」 하는 식으로.

셋째, 특히 그 판촉물이 무상으로 증정된 경우에는 무의식적인 보상 심리가 발동되어 나중에 직접 소비자로 발전할 가능성이 크다는 점 등이 있다.

실제로, 얼마 전까지만 해도 H면도기가 독점하다시피 했던 국내 면도기 시장에 질레트 면도기가 등장, 타깃 계층들의 통행량이 많은 오피스 빌딩 가에서 현품을 무상 증정하는 판촉 활동을 벌여 상당한 효과를 거두었다.

또 참존 화장품은 휴대용 케이스에 넣은 샘플을 가지고 타

깃 계층의 거주 지역인 아파트 단지를 대상으로 판촉 활동을
했다. 그리고 미에로 화이바는 광고물과 함께 차게 냉각시킨
현품을 제공하여 인지도를 높이는 데 상당한 성공을 거두었
다.

  5~6인 회사의 경우는 아르바이트생들을 모집하여 간단한
교육을 시킨 후, 이 판촉 방법을 신제품 선전에 사용하면 어떨
까 싶다.

정보와 자료의 제공,
<프로 마케팅>의 첫걸음이다

　광고 및 판촉 활동을 아무리 훌륭하게 전개하더라도 5~6인 회사나 점포의 전 영업사원들이 프로 마케터가 되어 한치의 빈틈도 없이 움직여 주고 마무리지어 주지 못하면 아무런 소용이 없다.

　고객이 문의하는 자료의 제공에서부터 고객을 만나 상담하고 가격을 협상하는 일, 납기를 제대로 지키고, 고객을 관리하고, 하자에 따른 보상 및 크레임의 매끄러운 처리에 이르기까지 영업사원들이 해야 할 일은 한두 가지가 아니다.

　우선, 고객이 필요로 하는 정보 및 자료의 제공 문제부터 검토해 보자.

　「귀사의 광고를 어디 어디서 보았는데 귀사의 업무 내용과 상품에 대해 좀더 자세히 알 수 있는 자료를 받아 볼 수 없겠습니까?」

　「귀사를 누구 누구한테서 소개를 받았는데 귀사의 업무 내용에 대해 좀더 자세히 알 수 있는 자료를 받아 볼 수 없겠습니까?」

　기업하는 사람이라면 너무나 흔히 받아 보는 문의 사항이다.

「그렇게 자세한 소개서는 없고 대신 팜플렛을 보내 드리면 안 되겠습니까?」

이런 식의 대답은 곤란하다. 최소한

「주소나 팩스 번호를 편리하신 대로 알려주시면 즉시 보내 드리겠습니다.」

적어도 이 정도 대답을 할 수 있어야 한다. 고객이 언제, 어디서, 어떤 자료를 요구해 올지는 아무도 모른다.

우연히 문의해 오는 고객 중에는 실제로 상품을 구입할 사람이나 업체가 많은 법이다. 그들은 자신들의 필요에 의해 전화번호를 이리저리 수소문해서 문의하는 사람들이기 때문이다.

이런 경우를 대비해서 미리미리 사장 서명이 들어간 공문, 회사 연역서, 자세한 제품 및 서비스 안내서, 가격표, 필요하다면 회사 기구표, 납품 및 서비스 실적표, AS 방침서, 서비스 및 상품 신청서 등 세세한 사항까지 서식화하여 언제라도 고객의 요구에 응할 수 있는 체제를 갖춰야만 한다.

결코 비싼 돈 들여 값비싼 브로셔나 카다로그 혹은 팜플렛을 만들라는 얘기가 아니다. 만들면 금상첨화지만 정성만 깃들여져 있어도 된다.

고객의 입장에 서서
생각하고 상담에 임하라

고객을 설득해서 사게 만드는 것이 최고의 마케팅 자세라고 오해하는 영업사원들이 의외로 많다. 특히 자존심이 유난히 강한 우리네 한국 사람들은 영업 현장에 임해서 자신도 모르는 사이에 고객들을 설득하려는 태도를 보일 때가 적지 않다.

그렇지만 고객들이 설득당해서 상품이나 서비스를 구입하고 이용하는 경우는 결코 없다. 자기 스스로 판단하고 자기 자신이 스스로를 납득시킨 뒤에야 비로소 구매하고 발주하는 것이다.

구체적 구매 상담이나 발주 상담에 임해서 고객이 하는 말 한마디 한마디는 결코 「나는 내 돈을 내서 귀사의 상품을 구입할 사람이고 서비스를 이용할 사람이니까 아무렇게나 이야기해도 된다.」는 발상에서 나오는 것이 아니다.

그 구매자나 발주자 역시 자신이나 자기 회사의 사용 가치나 이익을 염두에 두고 하나하나 주의해서 이야기하고 접근해 오는 것이다.

따라서 5~6인 회사의 상품이나 서비스를 잘 이해하지 못한다고 설득시키려고만 했다가는 큰 코 다치게 된다.

구체적 상담을 마다하고 엉뚱한 이야기를 한다고 중간에서

가로막으면 상담이 결렬되고 만다. 고객이 던지는 엉뚱한 이야기들 속에는 뭔가 숨겨진 의도가 있다고 보면 틀림없다.

가만히 그리고 성실하게 경청하고 있으면 고객은 자신의 진심을 스스로 털어놓는다. 이 순간부터 서서히 상담에 임해도 결코 늦지 않다.

고객이 엉뚱한 질문을 할 때,

「그건 그렇지 않고 이렇다.」라는 식보다는

「그런 경우는 아마도 이렇지 않을까 생각합니다만……」

아니면

「네, 귀하의 말씀이 옳습니다.」

라는 태도로 고객의 이야기를 경청하고 다음 이야기로 이어가는 것이 좋다.

참고로 마케팅의 귀재로 알려진 마쓰시다 전기의 판매 정신 30개조를 소개한다.

마케팅 현장에 임하는 5~6인 회사 사장과 영업사원들에게 많은 도움이 되리라 믿는다.

<u>마쓰시다 전기의 판매 정신</u>

1. 장사란 많은 사람들에게 봉사하는 것이며, 이익은 그 보수다.
2. 고객을 훑어보지 말며, 귀찮게 따라 다니지 말라.
3. 점포는 크기보다는 장소가 중요하고, 장소보다는 품질이 우선이다.
4. 세련된 진열보다는 좁은 점포에 오밀조밀한 편이 오히려 좋은 경우가 있다.
5. 거래처를 모두 친지로 만들어라.
   연대감이 있느냐 없느냐가 사업의 승패를 좌우한다.
6. 팔기전의 아부보다는 팔고 난 후의 봉사, 이것이야말로 영원한 고객을 만든다.
7. 고객의 말을 신으로 여기고, 무슨 말이나 기쁘게 받아들여라.
8. 자금이 모자라는 것을 우려하기 보다는 신용의 모자람을 우려하라.
9. 구매는 가격보다는 안심할 수 있는 곳에서 하라.
10. 백원 짜리 손님보다 십원 짜이 손님이 회사를 번창시킨다.
11. 억지로 팔지 말고, 손님이 좋아한다고 팔지 말며, 고객을 위한 물건만 팔아라.
12. 자금의 회전을 늘려라. 100원의 자본을 10회전시키면 1,000원이 된다.
13. 물품의 교환이나 반품을 하기 위해 찾아온 고객에게는 팔았을 때 보다
    더 친절하게 대접하라.
14. 고객의 면전에서 종업원을 꾸짖는 행위는 손님을 쫓는 것과 다름 없다.
15. 좋은 물건을 파는 것은 좋은 일이다.
    그러나 좋은 물건을 광고하여 대량으로 파는 일은 더 좋은 일이다.
16. 자신이 하고 있는 판매업무가 없으면 사회는 움직이지 않는다는 긍지를 가져라.
    그리고 그만큼 책임감도 가져라.
17. 구매처에 대해 친절하라. 그리고 정당한 요구 사항은 주저없이 말하라.
18. 한 장의 종이라도 경품은 고객을 기쁘게 한다.
19. 종업원이 회사를 위하여 일하는 것이 곧 자신을 위한 일이 되도록
    대우하고 보상하라.
20. 언제나 보기좋은 진열로 고객들의 발길을 모으는 것도 좋은 방법이다.
21. 종이 한 장이라도 낭비하면 그 만큼 제품가격이 높아진다.
22. 물건의 품절은 회사의 부주의이므로 고객에게 사과하고 조속히 준비하여 배달하라.
23. 정찰제를 지켜라. 할인은 오히려 불쾌감만 줄 수도 있다.
24. 어린이는 보물이다.
    어린이를 동반한 고객이나 심부름하는 어린이의 경우에는 특히 주의하라.
25. 오늘의 손익을 따지지 않고는 잠을 못이루는 습관을 붙여라.
26. 저 회사의 상품이므로……라고 신용할 수 있게 하라.
27. 고객을 찾을 때는 한 두 가지의 물건이나 상품 광고, 카다로그 등을 가지고 다녀라.
28. 점포 앞을 활기차게 만들어라. 열심히 일하고 활기가 넘치는 곳에 손님은 모인다.
29. 신문의 광고란을 매일 훑어보라. 상품에 대한 지식의 부족은 상인의 수치다.
30. 상인에게 호·불황은 없다. 무슨 수를 써서라도 벌지 않으면 안 된다.

정확한 납기,
돈이 왔다갔다 하는 일이다

국제 영업이 아닌 국내 영업에서는 건축시공이나 기술설계, 하청 생산 등 몇몇 업종을 제외하고는 계약서상에 납기 지연에 따른 배상이나 벌칙 조항을 따로 정하는 경우가 드물다. 그런 조항을 만들자고 하면 기업하는 사람이 쩨쩨한 것 아니냐고 오히려 반발을 하는 경우도 없지 않다. 이런 모습들은 책임을 회피하고자 하는 마음가짐에서 나온다.

그렇지만 외국, 특히 선진국은 거의 대부분의 업종이 납기나 서비스 시간 지연에 따른 벌칙을 철저히 하고 있고, 또 당연한 것으로 여기고 있다. 선진국의 경우 이발소와 같은 대인 서비스 업종에는 특별 코스라는 것이 있는데 이것은 우리 나라에 흔히 볼 수 있는 고기를 더 많이 넣은 음식이나 은밀한 서비스(?)가 추가되는 그런 것을 의미하는 것이 아니다.

일반 서비스 코스와 똑같은 질과 내용의 서비스를 제공하지만 단지 시간을 특별히 단축시켜서 서비스해 준다는 의미의 특별이다. 물론 그에 따른 이용료와 요금도 보통 코스에 비해 훨씬 더 많이 받는다.

우리 모두가 너무나도 잘 알고 있다시피, 이제 우리 나라 모든 기업들은 그 규모가 크건 작건 제조 업체건 서비스 업체건 상관없이 제품이나 서비스의 질, 시간 등 모든 면에서 제일을 자랑할 수 있어야만 경쟁력을 가질 수 있는 세계화, 개방화 시대를 살아가고 있다.

따라서 품질의 향상은 오랜 기술 개발 투자가 선행되어야 하는 문제이므로 후 순위로 미룬다 하더라도, 마음만 먹으면 언제라도 가능한 납품 기일 및 시간 단축만큼은 보다 철저한 노력을 경주해아 할 것이다.

특히 이렇다 할 특징이 없는 5~6인 회사의 입장에서는 이 점을 면밀히 검토, 마케팅의 주요한 어필 요소로 개발하면 의외의 성과를 거둘 수 있으리라 생각된다.

애프터서비스,
아무리 강조해도 지나침이 없다

5~6인 회사는 인력이 부족하다. 그래서 판매에만 신경을 써도 될까 말까 한 것 역시 사실이다. 그렇지만 소위 마케팅한다는 업체가 애프터서비스(After Service, 이하 AS라고 약칭함)를 경시해서는 미래에의 비전을 스스로 포기하는 것과 다름이 없다.

5~6인 회사의 입장에서 보면 AS에 소요되는 경비는 매출이 있은 후에 발생하는 후비용에 해당하기 때문에 1단위 당 이익인 조이익이 그만큼 감소하고, 더구나 그에 들어가는 비용의 크기도 예측하기 어려워 자칫 잘못하다간 적자를 보는 경우도 생기므로 주의를 기울여야 한다.

그렇지만 AS에 만전을 기하면 5~6인 회사에 대한 고객들의 신뢰도가 높아져 매출을 신장시키는 역할을 하므로 결코 소홀히 해서는 안 된다.

삼성, 대우, 현대, 기아의 대기업체들이 최근 들어 부쩍 AS에 만전을 기하는 데는 다 이런 이유가 숨어 있기 때문이다.

두일 전기는 공업용 공구를 전문으로 생산 판매하는 회사다. 이 회사의 사업 모토는 「전화 한 통만 주시면 어디건 달려가고쳐드리겠습니다.」 이다.

소비자들이 애써서 구입한 공구가 고장이 나면 적지 않은 곤란을 당할 것임은 불을 보듯 뻔한 사실이기 때문에 당장의 판매보다도 애프터서비스가 오히려 더 중요하다는 인식에서 나온 사업 모토고 방침이다.

말하자면 공구를 판다기보다는 애프터서비스를 판매하고 있다고 볼 수 있다.

소비자들은 결코 값싼 것만 찾는 것이 아니다. 약간 비싸더라도 AS를 확실히 보장받을 수 있는 회사의 상품과 서비스를 구입한다.

매끄러운 크레임의 처리야말로
진짜 프로 마케팅

정성을 다해 서비스하고 상품을 판매하고 주문을 소화했는데도 불구하고 거래 상대방의 입장에서 도저히 만족하지 못하는 경우 크레임이라는 것을 걸고 들어오게 된다. 귀찮은 일이다.

그렇지만 이 크레임을 능숙하게 처리할 수 있느냐 못하느냐에 따라 회사의 신용도 및 고정 고객의 지속적인 확보가 되느냐 안되느냐가 결정된다.

크레임이 발생하면 뭐니뭐니 해도 재빨리 처리하는 것이 상책이다. 크레임이 걸리면 상대방은 깐깐하게 나오게 마련이다. 그러므로 5~6인 회사나 점포의 책임자가 상대방을 직접 만나 상대방의 이야기를 충분히 경청하여 문제의 원인을 정확하게 파악한 다음 대처하는 것이 현명하다.

크레임 문제가 감정상의 문제로 치닫게 되면 수습은 커녕 문제가 오히려 확대될 수도 있다. 따라서 책임자는 될 수 있으면 약속 시간을 지키지 않는다거나 요리조리 빠져 나갈 구멍만 찾는다거나 하는 태도는 절대로 삼가야 한다.

크레임의 처리에는 시간도 돈도 노력도 많이 들어가고 적지 않은 손해도 보게 된다.

크레임의 처리에 있어 초점을 맞춰야 될 것은 역시 신용이다.

오히려 크레임과 같은 문제를 원만히 해결하는 과정을 통하여 신용을 쌓을 수도 있고, 또 상대방과의 인간 관계의 폭도 깊어질 수 있으므로 크레임을 골치 아픈 문제로만 보지 말고, 미래를 위한 활용의 장으로 해석하는 자세가 바람직하다.

범죄 수사에 있어서도 초등 수사가 중요하듯, 크레임의 처리에 있어서도 최초의 액션(Action)이 중요하다.

지지부진하게 책임을 늦추려 들다가는 상대방의 감정만 격하게 만들 뿐이다. 사람 사는 세상의 문제가 어느 일방의 잘못으로 발생하는 것이 아니기는 하지만, 일단 크레임이 걸리면 그 수습에 만전을 기해,

「아, 이 사람은 공과 사를 제대로 구분할 줄 아는 사람이구나!」

「이 회사는 그래도 자기 책임 하나만큼은 제대로 질 줄 아는 업체로구나!」

적어도 이런 인식을 상대방이 가질 수 있도록 신뢰감을 주는 데 최선을 다해야 한다.

상대방의 불평을 수긍하는 태도로 사실을 충분히 이해하고 상대방과 진지하게 협의를 해나간다면 오히려 문제 해결의 실마리를 쉽게 찾아낼 수 있고, 상대방과의 신용도 더욱 돈독해질 수 있다.

이상에서 살핀 것처럼, 조심해야 할 사항도 많고, 약간의 트릭을 부려야 할 사항도 많은 것이 마케팅이다.

그렇지만, 바로 이 마케팅을 모르고서는 아이템 선택, 자금

관리, 용병, 기술개발 그 어느 것도 제대로 방향을 잡을 수 없
다.
　모든 경영사항을 마케팅을 중심으로 바라보고, 사고하고, 실
천하는 것만이 5~6인 회사가 생존할 수 있고, 발전할 수 있
는 유일무이한 길이다.

제5장

아웃소싱을 잘해야 아이템도 잘잡고 이익도 본다

앞으로 남고
뒤로 밑지지 않으려면

옛부터 「밑져도 이익 남기는 놈이 장땡」 이라는 말이 있다.

똑같은 물건을 남보다 싸게 팔아 손해를 보고 있는 것 같지만 결과는 이익을 보는 사업가의 뛰어난 수완을 지칭한 말이다. 이 겉으로 보이는 밑지는 것을 보전할 수 있는 방법은 어디에 있을까? 박리다매라는 기법도 있지만 가장 흔하고 좋은 방법은 역시 구매 및 하청선을 잘잡는 데 있다.

유통 전문 업체의 경우, 질 좋은 상품을 값싸게 적기(適期)에 많이 구입하여 타 업체보다 싸게 판매한다면 뒤로 이익을 남길 것은 당연하다.

또 제조 업체의 경우에는 원자재나 부품을 안정적으로 값싸게 구매하거나 하청선을 잘다뤄 원가를 다운시키면, 상품을 싸게 출하해도, 이익을 남길 것은 틀림없는 사실이다.

이런 의미에서 제대로 된 구매와 하청선 잡기는 그 어렵다고 하는 마케팅보다도 더 어려운 작업이고 신경을 써야 하는 부분이다.

특히 대외적으로 내세울 자금력도 변변찮고 사회적 신용도 없는 5~6인 규모의 회사나 점포들은 구매나 하청제작에서 이익을 남기지 않으면 이익을 남길 구석이 별로 없으므로 더욱 주의를 기울여야만 한다.

발로 뛰어다니며
구매 및 외주처를 잡아라

1. 사장이 직접 뛰어다녀야 한다

전문 대기업이라면 전문적 식견을 갖춘 직원이 구매를 담당하겠지만 5~6인 규모의 작은 회사의 경우에는 아무래도 경험이 풍부하고 식견이 높은 사장이 직접 구매나 발주를 담당하는 것이 바람직하다.

구매나 외주를 잘못해서 제품 출하 시기를 놓치거나 나가지도 않을 상품을 그것도 바가지를 써서 구매하는 우를 범한다면 그 한 번의 잘못이 곧바로 회사 경영의 악화로 연결되기 때문이다. 따라서 사장처럼 노련한 사람이 구매나 하청 담당자로 있어야만 팔릴 만한 물건이나 값싼 원료를 경쟁 업체보다 빠르게 확보할 수 있고, 이익을 남길 수 있는 여지도 크게 할 수 있다.

2. 구석 구석을 뛰어다니며 찾아라

구매도 마찬가지겠지만, 하청선을 잘 만나야 좋은 제품을 만들어 낼 수 있고, 또 적기에 제품을 출하해야 차질을 빚지 않게 된다. 제대로 된 구매선이나 하청선은 정보만 가지고서 구해지는 것이 절대 아니다. 그렇다고 무슨 비결이 있는 것도 아니다.

발로 뛰어다녀야만 독특하고 개성 있는 구매 및 하청선을 만날 수 있다. 고생이 되더라도 발이 닳도록 뛰어다니고 눈을 크게 뜨고 귀를 쫑긋 세워서 많이 보고 자세히 듣고 그리고 철저히 메모하는 수밖에 다른 방법이 없다.

오늘날의 대기업들도 처음에는 모두 다 발로 뛰어다니면서 눈치 먹어 가며 귀동량들을 했다. 그 노력들이 차곡차곡 쌓여 오늘날의 대기업이 된 것이다. 지금도 그들은, 물론 사장이 직접 뛰어다니지는 않지만, 열심히 뛰고 있다.

하물며 5~6인 규모의 작은 회사에 있어서랴! 발로 뛰어다니면서 한 푼이라도 싸게 질 좋은 상품을 만들 수 있는 곳이 어딘지, 그 하청선의 영업 스타일은 어떤지, 경쟁사는 어떤 방식으로 하청을 주고 결제 조건은 어떻게 하고 있는지 일일이 점검하여 가능한 한 객관적인 자료들을 모아야 한다.

제아무리 네트워크 사회니 지가(知價) 사회니 하며 모든 일이 앉아서 처리될 수 있는 것처럼 호들갑들을 떨고 있지만 현장에서 얻은 정보만큼 정확한 것은 없다. 현장에서 이리 뛰고 저리 뛰다 보면 전문 지식도 길러지고,

「이 공장은 이런 점이 강점이고 또 이런 점은 영 글렀군…….」

「이런 일은 정도라면 화양리 어느 순대국집 지하에 있는 김 사장이 제격이지……」

이런식의 남다른 안목도 길러진다.

실제로 이리저리 뛰다 보면 뜻밖에 능력이 우수한 하청선을 발견하게 되는 경우가 많다. 유통 업체들도 평소 거래하던 거래처에서

「이런 타입의 물건을 만들어 줄 수 없습니까?」 혹은

「자료를 아무리 뒤져도 나오지 않는데 이런 물건을 만들 수는 있는 곳을 찾아 주시면 사례하겠습니다.」

라는 제의가 들어오는 경우가 가끔 있다.

이런 경우 요구처가 고정 거래처라면 상당히 중요한 의미를 갖는다. 우리 회사의 능력을 시험해 보는 경우일 수도 있고 아니면 그 바이어나 업체에서도 해결하지 못하는 일을 이런 기회에 「보기 좋게」 처리해 주면 신용을 확고히 할 수 있는 계기가 될 수도 있다.

이런 문의가 들어왔을 때 평소 구매 및 하청선을 열심히 뛰어다니면서 일일이 체크해 온 회사라면 너끈히 처리할 수 있음은 물론이고 이 기회를 이용하여 신용도를 더욱 높일 수 있게 된다. 이런 경우에 대처한다는 의미에서도 발로 뛰어다니는 것은 중요하다.

3. 구매 및 하청선의 상황 및 기술수준을 직접 확인하라

5~6인 회사가 부품을 조달받아 혹은 하청을 주어 상품을 생산하는 제조 업체라면 하청 업체를 방문하여 그 업체의 상황을 직접 눈으로 확인하는 현장주의에 철저해야 한다. 정확하게 납품받아 상품을 적기에 출하하기 위해서도 그렇지만,

제품을 제대로 만들어 낼 수 있는 설비나 기술을 갖고 있는 업체인가를 확인하여야 하기 때문이다. 그리고 경우에 따라서는 경영 지도나 기술 지도도 아끼지 말아야 한다.

또한 상품을 업자 가격으로 구매해오는 구매처의 상황 역시 늘 확인하는 원칙을 견지해야 한다.

이 현장 확인을 게을리했다가는 하자가 있는 제품을 납품받거나 구매하는 미스를 범하게 된다. 불량품 처리문제로 구매 및 하청 업체와 어쩌니 저쩌니 하고 실랑이를 하는 사이 돈의 낭비는 차치하고라도 3~4개월 이상 허송 세월해야 하는 비극을 맞게 된다.

특히 아무리 잔소리를 늘어놓고 기술적인 결함을 지적해도 이에 응해 주지 않거나 기술 개발을 게을리하는 하청업체인 경우 그 관계를 과감하게 청산하는 결단을 내리기 위해서라도 현장 확인은 수시로 해야 한다.

현장에 충실하다 보면 미처 우리 회사에서 체크하지 못한 체품상의 약점을 구매처나 하청 업체에서 지적, 보완할 수 있는 계기를 잡을 수도 있다.

현장 충실, 그것은 아무리 강조해도 지나침이 없는 말이다.

이런 구매 및 하청선과
거래를 터라

구매나 하청 발주 즉 외주를 함에 있어 구매나 발주할 물품의 질이나 결제 조건 등은 거래처에 따라 다르게 마련이다. 아무리 구매 물건의 질이 좋고, 하청주어 생산한 상품의 질이 좋더라도 결제 조건이 5~6인 회사에 불리하다면 한 번쯤 다시 생각해 봐야 한다.

그렇다고 질이 좋지 않은 물품을 구비한 업체나 기술력이 떨어지는 업체와 거래할 수는 없는 일. 어떤 구매 및 하청선과 거래를 해야 장기적으로 볼 때 우리 5~6인 회사에 도움이 될지 알아보자.

1. 기질이 비슷한 업체와

남녀도 궁합이 맞아야 하고 친구 사이도 배포가 맞아야 그 관계가 오래 지속되고 더욱 돈독해지듯이, 구매 및 하청선도 5~6인 회사의 기질과 대충은 엇비슷한 곳이 좋다.

경영 이념이 우리 회사나 점포의 그것과 영 딴판이라든가, 그쪽 사장의 인물됨이 주는 것 없이 왠지 싫은 사람이라고 느껴지면 아무리 좋은 조건의 업체라도 관계를 맺지 않는 것이 좋다.

궁합이 맞지 않는 업체와 관계를 맺으면 무슨 문제든 꼭 발생하게 마련이다. 예를 들어, 회사의 외상 매입이나 발주량 잔고가 서로 틀리다든가 아니면 이미 지불한 것이 확실한데도 그쪽에서는 미수(未收)로 남아 있다든가 가격 인하분이 처리되지 않고 그대로 남아 있다든가 하는 일이 자주 발생한다.

따라서 협력 관계를 맺을 예정인 구매선 및 하청선이 과연 우리 회사와 장기적으로 발전을 같이 할 수 있는 회사인지 어떤지를 사전에 면밀히 체크해야 한다.

일반적으로 진취적인 기질의 업체는 새로운 정보에 비교적 민감하다는 강점은 있지만, 협력 관계를 하나하나 쌓아 올라가는 데는 결함을 보일 때가 많다. 반면에 보수적이고 완고한 듯한 회사는 답답하게 느껴질 때도 있지만 일보일보 사귀며 깊숙한 관계를 맺는 데는 무리가 없다는 강점을 가지고 있다.

2. 그쪽 회사의 사장과 어렵지 않게 만날 수 있는 업체와

비슷한 규모의 구매 및 하청선이라면 별 문제가 없겠지만, 대형의 구매 및 하청선이라면 아무래도 5~6인 회사는 중요 고객에 들어가지 못한다. 그래서 구매 관계로 만나는 사람도 그 쪽 회사의 실무자들인 경우가 대부분이다. 이래서는 좀 곤란하다.

실무자를 만나서 될 일이 있고 사장을 만나서 될 일이 따로 있다. 대금 결제 조건 등에서 유리한 입지를 확보하려면 최고 책임자를 만나는 것이 좋다. 특히나 구매 및 하청선의 사장이 경험이 많고 노련한 사람이라면 더더욱 직접 만나야 한다. 반드시 구매건이 아니더라도 사업에 관련된 정보나 작은 회사에 닥치는 위기를 지혜롭게 해결할 수 있는 묘책을 들을 수 있는 기회를 갖기 위해서라도 직접 만나야 하는 것이다.

따라서 5~6인 회사의 구매 및 하청선은 사장을 그리 어렵지 않게 만날 수 있는 곳을 선정하는 것이 바람직하다. 실제로 구매선이 아무리 큰 기업이라고 해도 진취적이고 적극적인 회사라면 사장부터 작은 고객 하나하나를 결코 경시하지 않는 자세를 가졌을 것이다.

그러나 자신의 순수한 노력보다는 특혜나 권력에 기대어 대기업으로 성장한 회사는 사장부터가 이상한 권위주의에 젖어 있어 5~6인 회사나 점포 같은 고객은 거들떠보지도 않는 곳이 많다. 이런 곳은 꼭 필요한 경우가 아니면 가급적 협력선으로 선정하지 않는 것이 좋다. 돈 쓰면서 홀대받기 십상이다.

3. 정보원으로 활용 가능한 업체와

현대 비즈니스의 성공 여부는 정보력이 좌우한다. 입찰에 들어가는 경우, 경쟁 관계에 있는 회사의 움직임, 구매 예정 상품의 가격 동향, 신소재나 신원료의 개발 동향 등 비즈니스에는 무수히 많은 정보가 필요하다. 그것도 생생하게 살아 있는 정보가.

따라서 정보원(情報源)이 신선하고 고도의 정밀도를 자랑하는 정보를 제공할 수 있다면 그만큼 강한 무기를 손에 쥐게 되는 것과 다름없다. 가뜩이나 인맥 형성이 뒤질 수밖에 없는 5~6인 회사나 점포에 있어서는 더더욱 강력한 정보원을 마련할 필요가 있다.

　이런 의미에서 제대로 된 구매 내지 하청선을 선정, 그곳을 훌륭한 정보원으로 활용한다면 일석이조가 될 것이다. 사실 제대로 된 구매선이라면 자신들의 원활한 판매 등 제반 이익을 위해서라도 정보를 중요시한다. 따라서 구매선의 특성을 잘 살펴 5~6인 회사나 점포가 정보원으로 활용할 수 있을 만한 곳을 선정하는 것이 회사의 발전을 위해 유리하다.

실제 구매 및 외주,
이런 점 주의하라

1. 구매 및 외주량의 결정은 신중하게

유통 업체나 원료나 부품을 가져와 생산하는 제조 업체처럼 상품이나 원료 혹은 부품 가격이 중장기적으로 올라갈 것으로 예상되면 구매량을 늘려 잡고 그 반대의 경우라면 최소 필요량만큼만 구매하는 것을 상식으로 하는 구매 중심의 5~6인 회사도 마찬가지겠지만, 특히 하청을 주어서 생산하는 5~6인 회사의 경우에도 발주량의 결정에 신중을 기해야만 한다.

중장기적 매출 전망에 대한 정확한 정보나 분석력이 부족한 하청 생산 중심의 5~6인 회사가 상품이 잘 나갈 것으로 예상하고 무리하게 발주량을 늘렸다가 낭패를 보는 경우가 적지 않기 때문이다. 따라서 잘 나갈 것으로 예상된다고 하더라도 기존 구매 및 하청량을 기준으로 20% 안팎씩 늘려 나가는 안전주의를 택하는 것이 바람직하다.

특히 유행성이 있는 상품이라면, 게다가 외주 시점이 유행이 불기 시작한 지 5개월 정도 지났을 때라면 더더욱 주의를 기울여 적정량을 잡아야 한다. 출판계만 보더라도 평소에는 5천 부 안팎으로 책을 찍어 내던 출판사가 책이 좀 나간다 싶으면 갑자기 1만 부, 2만 부씩을 찍어 내어 낭패를 보는 경우가 적지않다.

이와 아울러 한 가지 지적할 사항은, 소비재 상품처럼 거래처가 많고 특히나 출판업처럼 결제 조건이 위탁 방식인 경우라면 적정 구매량 및 외주량의 결정에 신중에 신중을 거듭해야 한다는 것이다.

창고에 들어 있는 재고량뿐만 아니라 거래처에 미리 깔려 있는 재고량 역시 많은 변수로 작용하기 때문이다. 눈앞의 당장의 이익 때문에, 아니면 사업 초기의 이상한 호기 때문에 발주량을 대폭 늘리는 것은 절대 삼가야 한다.

2. 구매나 외주에 따른 계약서는 반드시 작성하라

적어도 15년 이상 오랜 거래를 해온 구매처이거나 구매량이 적은 경우에는 구두 계약만 하는 경우가 태반이다. 하지만 그렇지 않은 경우 특히 중국과 같은 음흉한 나라에서 물건을 들여오는 경우는 철저히 그리고 빈틈없이 계약서를 만들어야 한다.

예를 들어, 구매 물건의 하자는 어디까지를 하자로 볼 것인지, 하자 발생시의 처리 방법, 그리고 그에 따른 손해 배상 방법 등에 대해 정확하게 합의하고 계약서를 만들어야만 한다.

만약 구매처나 허청선이 중견 업체 이상의 규모라면 자체적으로 자기들에게만 유리하게끔 만들어 놓은 소위 약관 형식의 정형화된 계약서가 깨알 같은 글씨로 작성되어 있는 경우가 많다.

이때 귀찮다고 판매 담당자의 말만 믿고 덜커덕 구매 계약

서에 도장을 찍지 말고 하나하나 읽어 본 후 수정할 것은 수
정하고 나서 정식 계약을 맺는 것이 문제의 발생을 사전에 예
방할 수 있는 지름길이다.

구매 및 발주,
이런 요령으로 하라

자금도 없고 연줄도 없는 5~6인 규모의 회사가 구매나 하청선에 기죽지않고 조금이라도 이익을 남기자면 다음과 같은 원칙을 참고로 함이 좋을 것이다.

1. 세 개 이상 업체에서 견적을 받고 두 개 업체에서

적정 가격을 알아보기 위해서라도 될 수 있으면 여러 업체에서 견적을 받는 것이 유리하다. 구매 및 하청선은 한번 거래 관계를 맺으면 쉽게 변경하기가 어려우므로 처음에 그 선택의 폭을 넓히는 것이 좋다.

또 한 개 업체를 구매나 하청선으로 정해 놓으면 원료나 구매 상품의 가격 변동에 유연하게 대처할 수 없는 약점이 생기므로 두 개 정도의 업체와 거래를 맺어, 적절히 경쟁을 유도하는 것이 유리한 가격 및 결제 조건을 확보할 수 있기 때문에 좋다.

2. 구매 및 발주 예산을 절대 밝히지 말라

판매나 하청하는 거래처의 입장에서 보면 예산이 어느 정도
나 책정되어 있는지를 가장 알고 싶어한다. 예산을 미리 알면
그 예산에 맞춰 가격을 제시할 수 있기 때문이다. 반대로 예산
을 알지 못하면, 경쟁 입찰에서 많이 나타나는 예이지만, 1할
이상 가격을 낮춰 부르는 경우도 많다.

따라서 구매나 하청선의 담당자가 저녁때 술이나 한잔하자
고 해서 얼씨구나 따라가서 있는 애기 없는 애기 다 털어놓다
가는 금방 예산이 탄로나게 되므로 주의해야 한다. 또 노련한
판매 담당자라면 책상 위에 우연히 놓여 있는 서류 한 장에서
도 금방 구매 예상액을 간파해 버리므로 이 점도 주의해야 한
다.

3. 무턱대고 가격을 깎는다고 좋은 것이 아니다

판매나 하청을 맡는 측 입장은 어디나 다 그렇듯이 사람 봐
가며 장사하게 마련이다. 고객이 무턱대고 깎으려고만 들면
아예 처음부터 높은 가격을 제시하고 나서

「선생님이 자꾸만 깎으시면 마진은 차치하고라도 밑지게
됩니다. 그러니 조금만 더 생각해 주시면…….」

하고 엄살을 떤다. 그러면서 고개를 갸우뚱하며 손해를 보면
서도 마지못해 판매하고 하청을 맡는 척한다. 이런 경우라면
발주 측의 KO 패다.

노련한 구매나 발주자는 무턱대고 깎으려 들지 않는다. 사전
에 구매처에 대한 자금 여력, 생산 원가, 판매 담당자의 협상

수법, 그리고 구매하고자 하는 제품에 대한 시장 동향 등을 면밀히 체크하여 조목조목 따지는 형태의 협상을 하고, 조건이 영 안 맞으면 구매선을 바꿀 수도 있다는 것을 은근히 내비치기도 한다.

그렇게 하면서 적정 가격에서 구매나 발주하고 오히려 결제 조건에서 우위를 확보, 최대한 유리한 조건으로 구매한다.

4. 결산 마감일 직후에 구매하고 발주하는 것도 한 방법

제법 규모가 있는 구매처라면 나름대로 판매 마감일이라는 것이 있다. 대부분의 경우 한 달로 치면 20일 이후가 될 것이다.

신용 카드를 사용해 보면 쉽게 알 수 있지만, 구입선이나 하청선의 마감일이 21일이라면 전달 22일부터 이번 달 21일까지 판매한 상품에 대한 전표를 정리하여 청구서가 날아온다. 때문에 22일 이후에 구매하면 결제상의 유예 기간이 적어도 한 달 정도 길어지는 셈이므로 결산 마감일 이후 구매하는 것이 좋다.

별것 아닌 것 같지만 단돈 몇만 원이 없어서 부도가 나고 단 하루를 앞당기지 못해서 부도가 나는 것을 생각해 보면 결코 간과해서는 안 될 점이다. 구매 담당자나 사장은 자사(自社)의 구매 방식 및 구매 시점을 다시 한번 점검해 보기 바란다.

가격 협상도 중요하지만 검품시스템도 중요하다

밀고 당기고, 하소연 반 협박 반, 이렇게 실랑이를 벌여 구매한 물건이 들어오면 상품의 품질에는 하자가 없는지 자세히 검사를 해야만 한다. 서로 믿기로 하고 거래한 구매처고 하청선이니까 틀림없겠지 하고 넘어갔으면 오죽 좋겠는가마는 사회가 어디 그런가?

포장을 뜯어 보면 주문하지도 않은 물건이 나온다거나, 다른 회사로 갈 물건이 잘못 왔다거나, 물건이 파손되어 있다거나, 수량이 모자란다거나, 불량품이 들어왔다든가 하는 등등의 골치 아픈 문제들이 발생할지도 모르는 일이다.

그러므로 납품서와 현품 그리고 사전 계획서를 유심히 체크하여 확실한 물건인지의 여부를 빈틈없이 확인할 수 있는 시스템을 만들어야 한다. 시스템이라고 해서 거창하게 생각할 필요는 없다. 단지 사장과 직원이 모두 달려들어 꼼꼼히 따져 보면 된다.

납품선에 미리 들러 확인해 봤기 때문에, 또 납품선이 중견기업이라 믿을 만한 곳이어서, 아니면 일일이 검사하는 것이 귀찮아서 검사를 게을리한다면, 문제가 발생했을 때 처리하는 데 걸리는 골치 아픔은 둘째로 치더라도 시간과 경비가 적지 않게 들어간다. 그러므로 수량이 많아 전량을 일일이 체크하지 못한다면 샘플링 방식으로라도 검사는 꼭 해야만 한다.

검사 결과 하자가 있으면 즉시 통보하여 적절한 사후 처리를 도모하는 것 또한 잊지 말아야 할 것이다. 상당한 기간이 경과한 후의 통보는 법적 구제를 받지 못한다.

실제로 비즈니스맨간의 원활한 상거래를 도모하는 법인 상법 제 69조 1항 전단에도, 상인간의 매매에 있어서 매수인이 목적물을 수령할 때는 지체없이 이를 검사하여야 하며, 하자 또는 수량의 부족을 발견했을 때는 즉시 매도인에게 그 통지를 보내지 아니하면 이로 인한 계약의 해제, 대금 감액, 또는 손해배상을 청구하지 못한다고 규정되어 있다.

구매 및 하청선과
돈독한 관계 만들기

뜨거운 남녀간의 열정도 결혼 이후 두 사람이 어떻게 처신하고 상대방에 대해 얼마만큼 배려하느냐에 따라 행복으로 이어지기도 하고 증오로 돌변하기도 하듯이,

구매 및 하청거래를 맺게 되었다고 하더라도 사후 얼마만한 노력을 기울이느냐에 따라 5~6인 회사나 점포가 대기업으로 성장하는 데 커다란 밑바탕이 되기도 하고 그냥 흐지부지한 업체로 남기도 한다.

1. 같이 번영하겠다는 자세로 임하라

당연한 얘기지만, 구매 및 하청업체 사람들과 공존 공영한다는 자세로 임하는 것이 중요하다. 자금이 부족한 영세 사업체라는 현실에 쫓겨 자사의 이익만을 일방적으로 챙기려 든다면, 상대 업체에서 협조해 줄 것도 제대로 안 해주게 된다.

관계가 이런 식으로 이루어지면 회사의 발전이라는 것은 애시당초 꿈도 꾸지 말아야 한다. 반대로 성의를 가지고 같이 잘 살아 보세라는 자세로 임하면 의외로 좋은 정보도 입수할 수 있고, 회사가 어려움에 직면했을 때는 예상치 못한 은혜를 입

을 수도 있다.

필자가 대산연구소에 근무하며 기업 경영에 실패했다가 가까스로 재기한 기업인들을 만나 애기를 들어본 바에 의하면, 대부분의 경우 협력업체의 도움이 결정적 바탕이 되었다고 토로할 정도로 구매 및 하청 업체의 비중은 막중하다.

앞에서 공존 공영이라고 거창하게 표현했지만, 그 원리는 간단하다. 「받고 나서 주겠다.」라는 자세에서 벗어나 「우선 주고 나서 받겠다.」라는 자세 즉 비즈니스 세계의 철칙인 Give & Take와 약간의 융통성을 발휘하는 자세로 거래에 임하면 되는 것이다. 이러다 보면 구매 및 하청처와 정도 들게 되는 것이다.

이것은 말은 쉽지만 하루하루 아끼고 또 아껴야만 겨우 생존해 갈 수 있는 5~6인 회사로서는 참으로 벅찬 일이 아닐 수 없다. 하지만, 평소 착실하게 내실을 다지고 다른 데서 아껴 진짜 장기적으로 이익이 될 하청 업체에게는 과감히(?) 투자하는 여유가 있어야만 한다.

물론 손뼉도 마주쳐야 소리가 나듯 하청 업체와의 공존 공영도 그럴 만한 상대가 있어야만 가능한 것임은 두 말할 나위도 없다. 그러므로 하청선의 개척 단계에서부터 공존 공영이 가능한 업체를 선정해야 한다. 지금 거래하고 있는 업체가 그럴 만한 파트너가 못 된다 싶으면 공존 공영할 수 있는 새로운 하청 업체를 찾는 것이 좋다.

2. 신용을 지키는 것이 가장 우선이다

공존 공영이 현실적으로 가능하기 위해서는 「신용」이 기본이 되어야 한다. 여기서는 그 신용에 대해 이야기해 보자.

신용을 쌓기 위한 기본적인 원칙은 뭐니뭐니 해도 하청 업체와의 거래가 원만하게 지속적으로 이루어지는 것이다. 말하자면 지불할 돈은 어김없이 제때에 지불하고, 받을 것 역시 정확하게 받는 것이다.

약속 날이 다 되어도 지불하지 않거나 지불을 한다고 해도 사전 양해 없이 2~3일 혹은 몇 주일 늦게 지불한다면 신용 쌓기가 힘들어진다. 만약 하청 대금으로 현금 40% 선금에 나머지 60%는 90일짜리 어음을 끊었다면 어음 결제일은 열 일을 제쳐놓고라도 지켜야 한다.

어음 지불 약속 일에 거래처가 결제되느냐 마느냐 하고 마음을 졸이고 있거나, 약속 일 2~3일 아니 일 주일 전부터 제대로 결제될 수 있느냐 하는 문의 전화가 계속해서 온다면 사정은 어려워진다.

이런 경우가 한두 번도 아니고 서너 번 이상 반복되면 신용은 고사하고 현금을 싸가지고 가도 거래처 사장이나 담당자들의 하청 일을 받아 줄까 말까 한 떨떠름하고 고자세인 얼굴을 대면하게 된다.

어찌 됐건 흔히들 하는 얘기대로, 신용은 쌓기는 어렵지만 무너지기로 치면 순식간에 무너진다. 그러므로 무엇보다도 먼저 열심히 팔고 열심히 뛰어 회사를 안정시키는 것이 신용 지킴의 첫걸음이 될 것이다. 그리고 아무리 어렵더라도 결제만큼은 꼭 지켜야 한다.

3. 구매 및 하청선의 실무자들에게도 신경을……

  구매 및 하청선의 사장과 잘 지내는 것도 중요하지만, 그 업
체의 실무자들과도 돈독한 관계를 유지하는 것이 좋다. 실무
담당자들은 실무 담당자들 나름대로의 고집이 있다.

  그들에게 밉보이면 납품이 늦어지거나 만들어 준다고 해도
대충대충 만들어 준다. 따라서 가끔 실무자들과도 만나 술 한
잔씩 나누며 인간적 유대 관계를 맺어 놓는 것이 여러 모로
유리하다.

제6장

자린고비 자금관리 5~6인 회사를 풍성하게 만든다

이익을 남겨야 자금 관리도 가능하다

5~6인 회사나 점포의 자금 운용상의 맥은 받아 낼 돈은 철저히 받아 내는 일이 기본 전제가 되어야 한다.

그리고 판매에 있어서는 무조건 이익을 남길 수 있어야만 한다.

이 두 가지 선행 조건이 제대로 이루어지지 않고서는 자금 운용의 원활은 물론이요, 자금 운용의 묘도 전혀 기대할 수 없다.

사실 이익을 남기지 못하면 아무리 자금 운용 기술이 뛰어나다고 해도 얼마 가지 못해 바닥을 드러내고 만다. 게다가 그 자금 운용이라고 하는 것이 앉아서 본전만 까먹고 있는 것이라면 제 살 깎아 먹는 것에 불과할 뿐이고,

외부에서 어렵게 어렵게 자금을 조달하여 메꿔 나가는 형태의 자금 운용이라면 썩어 가는 상처인 줄도 모르고 항생제만 지속적으로 투여하는 일과 조금도 다르지 않다. 나중에는 손 쓸 겨를도 없이 빚더미에 올라앉게 되는 것이다.

따라서 어떻게 자금 운용을 잘할 것이냐에 신경쓰기보다는 어떻게 하면 많은 이익을 남길 수 있느냐에 초점을 맞추어야 한다. 이익이 남는 경영이라면 자금 운용 기술이 서툴러도 그만큼 여유를 갖고 자금 운용에 임할 수 있다.

어느 맥 빠진 대학 교수는 자금 운용을 파이네셜 프래닝 (Financial Planning)이니 파이넨셜 스트레티쥐(Financial Strategy)니 하며 고난도의 전문 지식이 필요한 것처럼 표현하고 있지만, 기초 산수인 <더하기>, <빼기>, <나누기>, <곱하기>만 제대로 할 수 있으면 누구나 훌륭하게 처리할 수 있는 일에 불과하다.

많이 빨리 팔아, 이익이 남지 않는 것을 걱정해야지, 자금운용 기술을 모르는 것을 걱정할 필요는 없다.

누구나 다 알고 있는 사실이지만, 이익이란 조이익 즉 회사를 운영할 수 있는 최소한의 기본적 이익에서 일반 관리비, 판매비, 이자, 광고비 등 제 경비를 제외한 나머지 몫을 말한다.

따라서 조이익액의 절대치를 크게 해야만 자연히 이익액도 커지게 된다.

또 이 조이익액이 확대되어야만 자금 면에서도 여유가 생기고, 이 여유를 바탕으로 신규 투자도 가능하게 된다. 역으로 이 신규 투자가 지속적으로 이루어져야만 조이익액을 더욱 크게 만들 수 있다.

바로 이런 이유 때문에 각 기업들이 자나깨나 원가를 절감할 수 있는 방안, 경비를 줄일 수 있는 방안, 값싼 대체 원료의 지속적인 개발, 신규 소비자 및 시장의 개척 등 끊임없는 기업 혁신의 노력을 기울이고 있는 것이다.

이제 5~6인 회사가 손해 보지 않고 판매할 수 있는 최소 기준선인 손익 분기점에 대해 알아보자.

수지타산의 첫걸음
손익분기점

손익분기점이란 문자 그대로 손해도 보지 않고 이익도 남지 않는 최소한의 마지노선을 의미한다.

물론 경우에 따라서는 불량 재고의 처분처럼 밑지는 한이 있더라도 재빨리 팔아 치우는 것이 자금 운용을 위해 좋은 경우도 있다. 하지만 정상적인 경우라면 이 마지노선에 미치지 못하는 장사는 밑지는 장사가 되고 만다.

기업을 하는 사람치고, 비록 과학적으로 계산한 수치는 아니지만, 해당 매출액을 염두에 두지 않고 장사하는 사람은 한 사람도 없다.

하지만 자금에 쫓기고 가끔씩 깜박깜박 하는 실수를 범해 시의 적절하고 유연한 가격 정책의 구사, 집중적 마케팅의 구사, 불량 재고의 재빠른 처분 등을 제대로 못하는 경우가 있다. 늘상 손익 분기점을 염두에 두어야 하는 이유가 바로 여기에 있다.

이제 5~6인 회사의 손익 분기점에 해당하는 매출을 간단히 계산해 보자.

이익은 익히 알고 있다시피 총수입에서 총비용을 빼고 난 나머지다. 여기서 비용은 매출량의 변동에 따라 변하는 재료비, 전력비, 운임, 판촉비 등의 변동비와 매출의 변동과 무관한

인건비, 임대료, 지불 이자 등과 같은 고정비가 포함된 개념이
다.

매출고를 S, 변동 비용을 V, 고정 비용을 F라고 하면 매출
고 곡선은 아래 이익 그래프처럼 45도의 기울기를 가진 y=x
선이 될 것이다.

또 변동비의 기울기(비율)는 V/S 이므로 총비용 곡선은
y=V/S x + F 가 될 것이다.

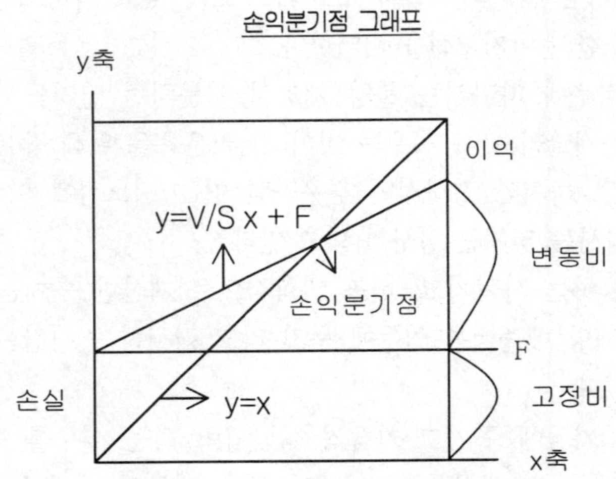

따라서 손익분기점의 좌표는 x=F÷(1-V/S), y=F÷(1-V/S)
가 된다. 위 좌표에서 양 곡선이 만나는 점이 바로 손익 분기
점이고, 이 손익 분기점에서의 매출고는 위 일차 연립방정식
을 풀면 쉽게 구할 수 있다. 즉,

$$y=x \quad ---- 1\ 식$$
$$y=V/S\ x+F \quad ---- 2\ 식$$

1식에서 y=x이므로 이것을 2식에 대입하면 x=V/S x+ F. 그러므로 손익 분기점상의 매출고는 x=F÷(1-V/S) 이 된다. 그리고 위 1식에서 y=x 이므로, 손익분기점 좌표는 x=F÷(1-V/S), y=F÷(1-V/S) 가 된다.

이상을 구체적인 수치를 들어 확인해 보자. 수입 건강 식품을 판매하는 대리점인 새한유통의 월 매출액은 6천만 원이고 이에 따른 월 변동비가 2천만 원, 인건비 등 월 고정비가 3천 4백만 원이다.

이것을 위 F÷(1-V/S) 식에 대입해 보면 손익 분기점 매출고는 5천1백만 원이 된다. 즉 최소한 5천1백만 원 정도의 매출고가 밑지지 않는 선이므로, 새한유통은 일단 손익 분기점을 넘어선 것으로 보아도 된다. 그렇지만 이것만 가지고는 어림도 없다. 더 활발한 판촉 활동을 벌여 더 많은 이익을 남길 수 있어야 한다.

이제 손익 분기점 매출고가 확인되었으면 5~6인 회사 경영의 생명인 이익을 늘릴 수 있는 방안을 모색해 보자.

자금압박 요인을
주의하고 제거하자

사람도 혈관벽이 두꺼워져 동맥경화에 걸리면 혈액의 운행이 자연스럽지 못해 뇌졸증으로 쓰러지듯, 기업 역시 자금의 흐름이 막혀 버리면 자금 압박으로 고생하다가 나중에는 쓰러지게 된다. 실제로 욱일승천할 만한 기세로 급성장을 구가하던 기업이 돈 좀 벌린다고 자신만만해서는 거창한 사옥을 마련하거나 대형 플랜트를 짓다가 자금 압박에 견디다 못해 부도를 내는 경우가 적지 않다.

자금 압박은 이렇게 무서운 것이다. 특히 대여섯 명 정도가 모여 운영하는 영세 업체는 손톱만한 자금 압박 요인을 안고 있어도 곧바로 자금 운용에 지장을 받게 된다. 동맥경화 말기 환자처럼 헉헉거리게 되는 것이다.

따라서 5~6인 회사는 특히 불요불급한 투자, 쓸데없는 유휴 자산의 보유, 먼지만 가득 껴안고 있는 과다 재고의 보유 등 자금 압박 요인의 발생을 미연에 방지할 수 있도록 세심한 주의를 기울여야만 한다.

몇 가지 자금 압박 요인들을 살펴보자.

1. 쓸데없는 유휴 부동산의 보유

상가, 토지, 오피스텔, 임야, 별장 등의 부동산은 여유 자금만 충분하다면 결코 손해 보는 법이 없는 투자거리다. 오히려 사업에서 벌어들이는 소득보다 훨씬 더 많은 이익을 볼 수도 있다. 한마디로 오르면 올랐지 내려가는 법이 없다.

그렇지만 5~6인 회사의 경우 그 투자 시점이 문제다. 사업 초창기에는 보유하려고 해도 현실적으로 여건이 안 되지만, 돈이 좀 벌리기 시작한다고 기분에 들떠서 회사 운영 자금을 빼내어 투자해서는 곤란하다.

부동산 경기는 일반적으로 상승과 하강 곡선이 완만할 것 같지만, 정부 정책 한마디로 인해 순식간에 돌변하는 것이 바로 부동산 경기다. 이 냉각기에 걸려 들면 위에서 얘기한 매력은 곧바로 질곡으로 작용해 손해보면서 처분하려고 해도 처분되지 않는다. 적어도 4~5년간은 꼼짝달싹 못하고 자금이 사장(死藏)되고 만다. 이렇게 되면 회사 자금 운용에 치명적인 타격을 입게 된다.

따라서 5~6인 회사의 경우 부동산에의 투자는 사업 소득이 출발 당시 자본금의 3~4배 이상 되었을 때, 비로소 그것도 10년 정도 미래를 내다보고 하는 것이 좋다.

만약 유휴 부동산을 보유하고 있다면 시간적 여유가 있을 때 담보나 개발 분양 방법 등 그 활용 방안을 다각도로 검토하는 것이 좋다. 그것도 여의치 않으면 처분해 버리는 것이 자금 압박을 미연에 방지하는 한 방법이 될 수 있다.

2. 쓸데없는 각종 회원권

비즈니스상의 필요 때문에 3천만 원을 호가하는 골프 회원권, 7백만 원을 호가하는 헬스 클럽이나 콘도 회원권, 백화점이나 호텔 등에서 발행하는 VIP 회원권 등을 구입하는 경우가 종종 있다. 골프 회원권은 500~1,000만 원 정도의 시세 차익을 노릴 수 있는 이점이 있기는 하지만, 그것도 과거 양도 소득세가 없었을 때의 이야기일 뿐이다. 지금은 양도 소득세를 물고 나면 그다지 재미있는 투자 대상은 아니다.

나머지 것들은 더 이상 언급할 필요조차 없다. 5~6인 회사의 사장에게는 어울리지도 않는 사치요, 만용이다. 따라서 친구가 팔아 달라고 애원해서, 아니면 다른 사람들에게 과시하고픈 생각에서 구입한 경우라면 더더욱, 그리고 진짜 비즈니스에 필요해서 구입했다 하더라도 일찌감치 처분하는 것이 좋다.

회사의 자금 사정이 언제 삐끗할 지 아무도 모르는 일이기 때문이다. 자금 사정이 화급해서 처분하려고 하면 제 값도 못 받고 처분하게 된다.

3. 불량 및 과다 재고

5~6인 규모의 서비스업이나 오퍼상 그리고 주문형 공장처럼 재고 부담보다는 오히려 가동률을 높이는 것이 사업 운영의 관건인 업종도 있고, 건축 자재, 화학 원료, 종이 등과 같이 자금 압박을 감수하고서라도 재고 물량을 많이 확보해 놓으면

가격 폭등시 한 몫 잡을 수 있는 투기 사업도 있다. 하지만 대대분의 5~6인 업체의 경우 불량 혹은 과다 재고 보유는 곧 자금 압박의 제 1 요인으로 작용한다.

과다 재고나 불량 재고는 현금이 그 형태를 달리하여 누워 있는 형상이다. 따라서 5~6인 회사의 경우에는 재고량에 따른 창고 임대료의 상승은 차치하고라도 그만큼 자금이 묶여 있는 모양이 되므로 극히 경계해야만 한다.

따라서 적정 재고량을 정해 구매 및 외주에 만전을 기하고, 과다 재고가 상품 라이프 사이클에 걸려 불량 재고로 화해 버리는 비극을 막는 것이 자금 운용의 원활을 꾀할 수 있는 최선의 방법이다.

그렇다면 어느 정도가 적정 재고량일까? 물론 잘 나가는 상품과 그렇지 못한 상품에 따라 적정 재고량의 수준이 다르겠지만, 매출고를 기준으로 예를 들면 25% 혹은 30%로 한다는 식이 좋을 것이다.

또 위 매출고 이외에도 구매 기간, 발주에서 입고까지의 기간, 창고의 공간 등을 종합적으로 고려하면 큰 차질이 없을 것이다.

끝으로 한 가지 주의할 점은 적정 재고량을 정했다 하더라도 그리고 그 적정 재고량대로 구매 및 외주를 정확하게 시행했다고 하더라도 장부상의 재고량과 실질 재고가 서로 다른 경우는 발생하게 마련이다.

따라서 재고 상품의 일목요연한 정리 및 실질 재고 조사의 정기화를 꾀해 장부와 실제가 거의 일치하도록 해야만 한다. 만일 이 두 재고량에 현격한 차이가 있으면 자금 효율의 어디에선가 누수가 있다는 증거가 된다.

그리고 유행이 지났거나 판매 부진으로 인한 불량 재고는 미련을 두지 말고 즉각 처분하는 것이 좋다. 갖고 있어 봐야 속만 상한다.

4. 으리으리한 사무실

점포와는 달리 사무실은 전혀 돈을 벌어들이지 못한다. 사무실을 넓고 화려하게 치장한다고 해서 돈이 벌리는 것은 아니다. 오히려 작고 보잘것없더라도 직원 모두의 손때가 묻어 있고 땀 냄새가 배어 있는 곳이라면 그만큼 생산성은 더 높다고 봐도 무방하다.

사업이 잘 안 될 때 사무실 임대료만큼 야속한 것이 없다. 한 달 내내 열심히 벌어서 60만 원 내지 200만 원을 그것도 현금으로 특별한 노동도 하지 않은 건물주에게 바친다고 생각하면 억울하기 짝이 없다.

그렇다고 거래처에서 현금을 받는 것도 아닌데. 더 이상 언급을 하지 않아도 남의 건물에 세들어 사업해 본 기업가라면 누구나 잘 알 것이다. 빨리 돈 벌고 모아서 학고방만한 건물이라도 자사 건물을 가져야 한다. 아끼자, 사무실 임대료를. 줄이자, 사무실 크기를. 사장실도 따로 만들지 말자.

5~6인 회사의 이익 제고 방안

앞에서도 누차 강조한 바이지만 이익의 폭을 크게 해야만 5~6인 회사의 자금 운용이 원활해진다.

아래에서 5~6인 회사나 점포의 이익 제고 방안을 모색해 보자.

1. 팔릴 만한 상품의 개발 및 확보

제아무리 재주가 많아도 팔리지 않는 상품이나 서비스를 가지고 서는 활발한 마케팅 활동을 펼칠 수 없다. 마찬가지로 팔리지 않는데 이익을 남길 수도 없다. 따라서 팔리는 상품이나 서비스를 개발하고 확보해야만 한다.

뻔한 얘기지만 히트 상품이나 서비스를 5~6인 회사의 것으로 하자면, 늘 스스로의 눈과 발로 정보를 수집해야 한다. 그리고 다른 업종의 상품이나 서비스도 면밀히 체크해 봐야 한다. 「어째서, 왜 잘 팔리는가?」라는 소박한 의문을 갖고 검토해 봐야 하는 것이다.

여러 업종에서 잘 팔리고 있는 상품들은 비록 그 형태와 쓰임새가 다를지라도 소비자들의 구매 욕구를 자극하는 점이 있게 마련이다. 따라서 자신이 하는 업종만 살피는 시각은 곤란하다. 업종의 전문화와 검토의 다각화는 전혀 별개의 문제다.

시대에도 대세라는 것이 있듯이 소비자들의 기호에도 대세가 있다. 눈여겨 체크해야만 타경쟁사보다 한 발이라도 먼저 히트 상품을 소화해 낼 수 있다.

2. TQC를 통한 원가의 절감

너무나도 오래된 용어 가운데 하나가 바로 이 TQC(Total Quality Control)라는 말이다. 현장에 충실한 원가 절감 정책을 5~6인 회사 사장을 포함한 전사원이 생각해 내서 이익폭을 한푼이라도 늘리자는 운동이다.

집단적으로 시행되는 모든 운동이 그렇듯 5~6인 회사에서의 TQC운동도 사장 스스로가 성실하고 적극적이지 못하면 사원들이 매너리즘에 빠지게 된다. 또 잘못 시행하면 사장이 잔소리꾼으로 비춰질 위험성도 있고, 돈 줄이자는 TQC운동이 오히려 돈만 더 들어가는 역효과가 날 수도 있다.

어쨌든 TQC운동이 제대로만 시행된다면 원가 절감은 물론이요, 자연스럽게 전 사원간의 화합을 이룰 수도 있으므로 면밀한 검토 뒤에 한번쯤 실행해 봄직한 운동이다.

이제 이하에서 우리 5~6인회사의 자금운용에 활력을 줄 수 있는 투자문제에 대해 검토해 보자.

적절한 재테크
자금 운용에 활력을 준다

기업 규모의 대소를 불문하고 단단하다고 알려져 있는 기업들은 그냥 말이 좋아서 단단한 기업이 아니다. 돈벌이에 관한 한 누구보다도 기술이 뛰어나고 잽싸기 때문에 단단한 기업인 것이다.

실제로 탄탄하다고 알려져 있는 대기업이나 중견 기업들을 보면 자신의 본업에 관해서는 둘째 가라면 서러워할 정도로 돈벌이를 잘하고 있는 것은 물론이고, 여타의 돈벌이 분야 즉 증권 투자, CD 매입 등에도 무수히 많은 정보 채널을 만들어 놓고 고도의 재테크 능력을 발휘하고 있다.

이런 의미에서 5~6인 회사나 점포도 비록 약간의 위험성은 있지만 활발한 재테크에 나서기를 권한다. 지속적인 관심을 갖고 재테크를 하다 보면 돈의 전체적인 흐름을 보다 더 실감할 수 있고, 자금 운용을 하는 데 있어서도 좀더 세련된 운용 감각을 기를 수 있다.

또 초기 투자의 부담이 있기는 하지만 재테크에서 성공하면 본업에서의 자금 부담을 상당히 덜 수 있는 이점도 있다. 그렇다고 해서 빚을 내서 재테크에 나선다거나 재테크에 너무 열중하여 본업을 게을리하는 우를 범해서는 곤란하다.

그리고 한 가지, 개인 사업자의 경우는 그다지 문제되지 않지만 법인 사업자의 경우는 법인 대표자가 법적으로 분리되어 있으므로 재테크를 누구의 명의로 할 것인가가 문제된다. 회사 돈으로 한다고 해서 법인 명의로 하다가는 법인 자체에 문제가 생겼을 때 법인 명의로 된 부동산과 주식도 함께 날아갈 위험성이 있으므로 주의해야 한다.

각 법인체의 인원 구성 등 내부 사정에 따라 편리한 방식을 택하되 어느 경우이건 어느 한쪽이 문제되어 덩달아 나머지 한쪽의 투자물까지 날아가 버리는 위험을 최소화시키는 방법을 모색해야 한다.

여유 돈이 생길 때마다 부동산에 투자하라.

여유 자금만 있다면 부동산만한 투자거리도 없다. 적어도 우리 사회의 실정에 비추어 보면 그렇다는 얘기다. 지금 현재 대한민국 땅을 통틀어 1만 원 이하의 땅이 없다. 이 땅들은 불과 5~7년 전만 해도 평당 1천 원 안팎이면 너끈히 구입할 수 있었다. 이 사실 하나만 보더라도 부동산의 투자 가치가 어느 정도인지 쉽게 짐작하고도 남음이 있을 것이다.

이와 같은 부동산의 매력 때문에 대기업들은 회장 직속의 전담 팀을 설치하여 투자할 만한 부동산을 찾아 전국을 샅샅이 누비고 다녔다. 사실 우리 나라의 대기업들은 이 부동산 투자로 대기업이 되었다고 해도 결코 과장된 말이 아닐 것이다.

비록 매달 직원들 월급 주고 나면 정작 사장인 자신은 입에 풀칠하기도 힘든 여건 때문에 부동산 투자의 매력을 절감하면서도 못하고 있는 장본인이 바로 5~6인 회사의 경영자라는 사실을 모르는 바는 아니다. 하지만 좀더 적극적으로 부동산 투자에 나서기를 바란다.

지금부터 25년 전에 대구에서 호크를 만드는 가내 공업을 했던 어떤 사람은 당시만 해도 경기가 별로 없었던 부동산에 관심을 두고 수입이 날 때마다 임야, 대지, 논, 밭을 하나씩하나씩 사들였다. 제품 단가라고 해봤자 1~2원도 제대로 받기 힘든 호크를 만들어 팔아 땅을 구입했으니 수전노 노릇도 적지 않게 했으리라. 하지만 세월이 흐른 지금 그는 전국에서 부동산 순위 44위에 해당하는 갑부가 되어 있다.

부동산 투자에 관한 한 지금도 늦지 않았다. 앞으로 20년 후를 내다보고 꼭 유망 위치가 아니더라도 착실히 투자해 놓으면 2025년쯤에는 부동산 거부가 되어 있을지 누가 아는가?

1. 조상 전래의 노는 땅

어느 집안이고 조상 전래의 쓸모없는 땅이나 놀고 있는 밭과 산이 약간씩은 있게 마련이다. 그 땅이 집안 전체에 힘을 주는 상징물이라면 안 되겠지만 그렇지 않은 경우라면 활용하는 것이 낫다.

예를 들어 고향의 단위 농협이나 마을 금고 같은 곳에 친인척이나 어릴 적부터의 친구가 근무하고 있다면 제법 담보 가치가 있는 것으로 꾸며서 대출을 받을 수도 있다. 만약 그곳이 도시 근교에 위치하고 맑은 물이 난다면 지하수를 개발하여 생수 사업을 펼칠 수도 있다. 그도 저도 아니면 잡목을 제거하고 환금성 있는 농작물 혹은 조경용 묘목을 심어 활용하는 방법을 모색해 볼 수도 있다.

2. 투자하려면 상가에 투자하라

여유 자금이 있어 투자를 하려면 일반 주택이나 대지 혹은 임야보다는 상가에 투자하기를 권한다. 또 상가라고 해도 지하의 오픈 매장에 다이 하나만 달랑 제공되는 것을 구입하지 말고, 1층이나 2층 내의 구획 칸막이 된 단독 매장을 구입하는 것이 낫다.

1~2층의 그것은 10평을 기준으로 3억5천에서 10억 수준이어서 꽤나 비싼 것은 사실이지만 은행 융자 받고 전세 끼고 하면 시가의 30% 수준의 자금만 있어도 구입할 수 있다. 따라서 어렵더라도 1~2층의 단독 매장에 투자하는 것이 낫다.

은행에서의 담보 가치도 1~2층의 그것이 훨씬 크고 업무용 매장으로 활용할 수도 있으며 유사시 매매나 전세를 하는 경우에도 훨씬 더 빨리 처분할 수 있기 때문이다. 또한 1~2층의 매장을 활성화시켜 고액의 권리금과 함께 처분한다면 상당한 수익을 올릴 수 있다는 이점도 있다.

3. 지방 도시에도 관심을

지방 자치제가 본격 가동된 이후 지방 소도시는 이제 더이상 지방 도시가 아니다. 적어도 지방 자치 단체 내에서 상당한 역할을 담당하는, 서울로 치면 청량리, 신촌, 수색 등과 같은 부도심으로 탈바꿈할 가능성이 큰 곳이 지방 소도시다.

읍면 단위의 지방 소도시는 아직도 도시 구획 정리 사업이 제대로 추진되지 않아 상업 지역과 일반 주거 지역이 혼재되어 있다.

이런 곳을 잘 살펴보면 곧 상업 지역으로 바뀔 만한 일반 주거 지역이 상당수 있다.

이런 지역에 허름한 일반 주거용 주택을 구입해 놓으면 예상치 않은 시기에 상업 용지로 탈바꿈하는 행운이 찾아올 수도 있다.

또한 앉아서 토지의 용도가 바뀔 때를 기다리는 것도 한 방법이긴하지만 좀 더 적극적으로 공장부지로 전환하는 계획을 세워, 군청 등 관계기관을 찾아가 토지의 용도를 적극적으로 변경하는 일도 부가가치를 높이는 좋은 사업이다.

이렇게 되면 사업해서 올리는 소득보다 몇 배 더 많은 소득을 일시에 올리게 된다.

4. 자산관리 공사, 법원 경매 물건의 모색

대금 납부의 압박이 있기는 하지만 잘 골라 보면 의외의 물건이 발견되는 경우가 많다.

특히 조그만 공장 부지를 물색한다거나 생산 설비를 도입하고자 할 때는 남이 거들떠보지도 않는 물건이 눈에 띌 때가 많다. 시간이 날 때마다 자산관리 공사에 들르거나 경매 물건을 검색하여 투자해 두는 것이 좋다.

주식 등 금융상품에의 투자, 자금운용 능력을 길러준다

1. 주식에의 투자

부동산 투자와는 달리 주식 투자의 최대 이점은 역시 자유자재로 치고 빠질 수 있다는 데에 있다. 물론 공모주 청약의 경우에는 주식 공모일을 기준으로 3개월 전부터 청약 관련 예금에 가입하고 있어야 하지만 중간 해약이 언제라도 가능하므로 그다지 염려할 바는 못 된다.

주식 투자의 이런 강점 때문에 자금 수용의 텀(Term, 기간)이 그다지 길지 못한 업체는 그런대로 재미를 볼 수 있는 유망 투자거리다. 특히 대주(貸主) 제도를 활용하면 자기 자본이 많지 않아도 단기에 고수익을 올릴 수 있다.

1) 투자 종목의 선택

여유 자금이 많지 않은 업체는 어떤 식의 주식 투자가 바람직할까?

첫째, 소위 얘기하는 우량 종목에의 투자가 안정성도 있고 수익성도 있어서 좋다.

　그러나 1주당 주가가 세므로 주식 매입 자금이 적지 않게 들어가는 어려움이 있으니 이 점 고려하여 투자하기 바란다.
　둘째, 5~6인 회사의 업종을 중심으로 투자하는 것도 한 방법이 될 수 있다.
　5~6인 회사의 정보력이 아무리 취약하다고 해도 자신이 몸담고 있는 업계의 사정은 누구보다도 많이 알고 있을 것이다. 예를 들어 건설 단종 업체라면 상장 종합 건설 업체의 강점과 약점들, 건설 업계 전체의 중장기 경기 전망, 나아가서 해외 건설 시장의 동향 정도는 자세히는 몰라도 상당 수준 체크가 가능하다.
　이 체크 결과가 좋은 쪽으로 나오면 종합 건설 업체의 주식 중 가장 유망한 업체의 주식에 투자하는 것이다.
　따라서 효율적인 마케팅을 위해서라도 몸담고 있는 업종의 동향을 면밀히 체크해야겠지만 주식 투자를 위해서라도 되도록이면 많은 정보를 수집 분석할 필요가 있다.
　정보의 수집과 분석, 그것은 아무리 강조해도 지나침이 없다.
　셋째, 풍문이나 유망 투자 안내 기관에서의 추천 품목은 한 타임 늦춰서 들어가는 것이 좋다.
　그 풍문이나 추천은 귀하만 알고 있는 것이 아니라 많은 경쟁자들이 이미 알고 있는 사실이기 때문이다. 대부분의 경우 속 빈 강정으로 끝난다.

2) 매입 및 매각 시기의 결정 방법

　등산에 있어서도 산을 오르는 것보다 산을 내려오는 것이 더 힘들고 어렵듯이 주식 투자도 마찬가지다. 아무리 유망 종목을 잘 선택해서 예상대로 단기간 내에 주가가 오른다고 해도 매각 시기를 잘못 선택하면 이익의 다과는 불문하고 팔고 싶어도 매수자가 없어 팔지 못하는 결과 생길 수도 있다. 반대로 매입 시기 역시 천정가에서 주식을 매입하면 장기간의 주가 움직임은 어떨지 몰라도 단기간에는 보나마나 낭패를 보게 마련이다. 따라서 매입 시기 역시 타이밍 맞추기에 신경을 곤두세워야 한다.

　다행히 우리 나라의 경우는 상한가, 하한가 제도가 있어 수익률과 피해액의 폭에 어느 정도 조정을 가하고 있지만, 외국처럼 이런 제도가 없는 경우는 매입 매각 시기를 잘못 선택하는 그 순간 패가망신의 도화선을 밟게 되는 결과를 낳기도 한다.

　여하튼 주식 매입, 매각 시기의 선택에는 무슨 비법이 없다. 다만 여기에는 그 차선책으로 세계에서 가장 치열한 뉴욕 증권 시장에서 안정적인 주식 수익률을 올리고 있는 늙은 할머니들이 사용하는 방법을 소개하고자 한다.

　그 할머니들은 우선 많은 욕심을 내지 않는다. 그리고 그 할머니들은 절대 뜬소문이나 루머에 귀를 기울이지 않는다. 또한 전문 주식 분석 기관이나 정보 기관에서 제공하는 소위 금주의 유망 종목에도 눈길을 보내지 않는다. 그 할머니들이 믿는 것은 오직 14%와 20%라는 단순한 숫자다.

　어느 주식이건 간에 14% 정도 올랐을 때 매입하고, 자신의 매입가보다 20% 정도 올랐을 때 매각하는 방법을 사용한다. 14%와 20%라는 숫자는 어느 전지전능하신 신이 그 할머니들에게 계시로 내려 준 숫자가 아니다.

　다만 처녀 적부터 주식 투자를 해온 그 할머니들이 60의 인생을 살아오면서 스스로 터득한 가장 무난한 비율이다. 14% 수준에서의 매입, 20% 수준에서의 매각, 그런대로 무난한 숫자 같다.

2. 기타 금융 상품에의 투자

　이 밖에도 사모펀드, 산업금융채권, CD, 회사채, 각종 상품권 등도 현금의 회전이 빠른 상품이므로 투자거리로서의 면밀한 검토를 해보는 것이 좋다.

제7장

5~6인 회사의 자금 운영과 부족자금 조달 테크닉

고정 설비자금의 체크와
그 운용 테크닉

앞에서 5~6인 회사의 원활한 자금운용에 걸림돌이 되는 압박 요인 및 그 제거 방안에 대해 살펴보았다. 이와 같은 자금 압박 요인들을 염두에 두고 이하 고정설비자금 부분을 구체적으로 검토해 보자.

오퍼상, 사무실 형태의 유통회사, 정보 서비스, 그리고 하청을 주어 상품을 생산하는 5~6인 규모의 회사라면 컴퓨터, 전화, 팩시밀리, 사무실 등 극히 기본적인 설비만 있으면 되므로 문제될 것이 없다.

하지만 다 같은 5~6인 규모의 사업체라도 학원, 헬스 클럽, 대형 점포 같은 경우는 인테리어 비용만도 수억 원이 들어간다. 이런 경우 설비 자금 문제가 중요한 현안으로 떠오를 수밖에 없다.

또 주문을 받아 생산해 주거나 하청을 받아 먹고 사는 소규모 공장들도 그 나름대로의 필요 설비가 있어야만 한다. 예를 들어 인쇄소라면 공장 임대료를 빼놓고도 수백만 원부터 수천만 원까지 하는 마스터 인쇄기, 수천만 원부터 수십억 원까지 하는 옵셋 인쇄기 등이 최소한의 기본설비가 된다.

이와 같은 설비들은 창업 시 신규 도입에도 그렇지만 타 경쟁 업체와의 경쟁에서 이기기 위한 설비 교체 시에도 적지 않은 목돈이 들어가게 마련이다.

요즘은 리스나 렌탈 혹은 팩토링 방식에 의한 설비 도입 방법이 보편화 되어 한꺼번에 목돈이 들어가는 어려움은 어느 정도 덜 수 있게 되었지만, 그래도 계약금, 선수금, 다달이 들어가는 이자와 할부금을 생각하면 결코 만만치 않다. 그렇다고 중고 기계 값은 싸냐하면 결코 그렇지 한다.

극히 예외적인 몇몇 경우를 제외하고는 그 어느 업종이건 간에 인테리어나 기본 설비부터 시작하여 자질구레한 부대설비에 이르기까지 돈을 벌어들일 수 있는 최소한의 형식을 갖추려면 적지 않은 목돈이 들어간다. 고정설비에의 투자가 신중해야만 하는 이유가 바로 여기 있다.

이 때문에 설비투자를 감가상각비 범위 내에서만 행하는 조심스런 회사들도 적지 않다. 그리고 고정설비자금을 운전자금에서 전용해서 쓰는 여유 있는 회사도 있다.

게다가 급한 김에 1년 내에 갚아야 하는 단기 차입금을 끌어다가 과감히(?) 설비에 투자하는 간 큰 5~6인 회사 사장들도 상당히 많다.

물론 가장 이상적인 모습은 장사를 열심히 해서 축적한 내부 보유금과 기계 설비 등을 교환할 목적으로 따로 저축한 감가 상각비 등의 자체 자금을 활용하는 것이다. 이것으로도 부족할 때에는 부담이 덜한 장기 차입금을 외부에서 조달하는 방법을 모색할 수밖에 없다.

필요 운전자금의 체크와
그 운용 테크닉

5~6인 규모 사업체의 운전 자금에는 전화료, 사무실이나 점포의 임차료, 자동차 주차료 등의 유지비, 사무 소모품 등 일상적으로 들어가는 필요 경비, 죽었다 깨어나는 한이 있더라도 반드시 지켜주어야 할 인건비와 상여금, 그리고 원료나 부품 구입비, 하청비 등이 기본 항목에 자리잡을 것이다.

여기에 장단기 차입금이 있다면 상환 원금 및 이자 항목이 추가될 것이고, 판촉 광고 등 판촉 활동이 중점적으로 이루어지는 달에는 판촉비, 광고 선전비, 영업비 등이 추가로 계산될 것이다. 또 세금이 나가야 하는 달에는 세금 항목이 추가될 것이다.

이상의 필요 운전자금 항목들을 표로 나타내면 아래와 같다.

5~6 회사의 운전자금 내역표

＊＊월

항　목	내　역	금　액	
일반경비	1. 전화료 등 통신비		원
	2. 사무용품비		원
	3. 임대료		원
	4. 자동차 유지비		원
	5. 의료보험비 등		원
인 건 비	1. 기본 인건비		원
	2. 상여금		원
구 매 비	1. 원료　　　　　톤		원
	2. 상품　　　　BOX		원
외 주 비	1. A 거래처		원
	2. B 거래처		원
판 촉 비	1. 광고비		원
	2. 판공비		원
세　　금	1. 법인세(법인사업자)		원
	2. 소득세(개인사업자)		원
	3. 부가세(부가사업자)		원
차입금상환	1. 원금		원
	2. 이자.		원
기　　타	1.		원
	2.		원
합　　계			원

　　운전 자금표는 위 항목 이외에도 추가할 것이 있으면 추가해서 가능한 한 자세히 작성하는 것이 좋다. 자세히 작성해야만 어느 항목을 얼마만큼 줄이고 보태야 자금 효율의 극대화를 꾀할 수 있는지에 대한 아이디어가 떠오르게 된다.

　　이제 각 항목별로 그 처리 요령을 점검해 보자.

1. 일반 경비

　외국으로 보내는 팩스는 밤 12시 넘어 사용하는 등 한푼이라도 아껴야만 한다. 지금 탄탄한 회사들을 보면 시외 통화까지 일일이 보내는 곳을 기입하며 아꼈기 때문에 그 기반을 굳힐 수 있었고, 현재도 1년 경비의 최소화를 위해 누구보다도 노력하고 있다.

　절약하는 것은 결코 허물이 아니다. 하찮은 비용 지출건이라도 꼭 영수증을 받아 놓아야 한다. 1원조차도 아껴, 나중에 목돈으로 사원들에게 배당하면 수전노인 줄만 알았는데 그것이 아니었구나 하면서 사원들이 감복하고 용서를 빌어 온다.

2. 광고 등 판촉비

　비용의 과다 문제에 연연하기보다는 면밀한 사전 점검에 의한 집중 광고나 판촉을 하여 효율을 극대화시키는 것이 우선되어야 한다. 사람봐가며 광고비 매긴다는 이야기가 있을 정도로 광고비는 그 유연성이 심하다. 따라서 최소 광고료를 위해 적극적인 교섭을 시도해야 한다. 그리고 광고료의 결제는 반드시 어음으로 하는 것이 좋다.

　이와 아울러 건축업과 같이 접대비 및 리베이트가 중요 판촉 수단으로 작용하는 업종은 각 거래처마다 세밀한 등급을 매겨 그 한도를 초과하지 않는 범위에서 지출하는 것이 좋다.

3. 원료나 상품 구입비, 하청비

어음 결제를 원칙으로 하고 경우에 따라서는 문방구 어음으로 하라. 그리고 결제 기간도 3개월 이상을 원칙으로 하라. 여기서 잠시 위 2항의 결제에 이용되는 어음 발행 비중을 어느 정도로 하면 좋을지 생각해 보자.

어떤 특별한 원칙은 없지만, 보통 매출일을 기준으로 해서 제조 업체의 경우는 40% 안팎, 건설 관련 업종은 50% 이내, 도매상은 60% 이내를 적정 수준으로 보고 있다. 물론 5~6인 회사가 주도권을 쥐고 있는 경우라면 그 발행 비중을 더 높여도 무방할 것이다.

4. 인건비

이 항목은 설사 사장인 귀하가 굶는 한이 있더라도 반드시 지켜주는 것을 철칙으로 하고 어떤 경우에도 날짜를 어기지 말라. 그리고 가불은 피치 못할 사정이 아니면 원칙적으로 금하는 것이 좋다. 가불을 해주면 사원 자신부터 나태해지기 시작한다.

5. 조세공과금

가뜩이나 어려운 5~6인 규모의 영세 사업체를 사정 봐주는 척하면서 진 빠지게 만들고 도와주는 척하면서 괴롭히는 것이 있다면 바로 세금이다.

출판업처럼 개인 형태의 부가세 면세 업자는 그다지 복잡한 세무 처리 문제가 없으므로 이자 소득, 배당 소득, 부동산 소득, 사업 소득 등의 종합 소득과 양도 소득, 제 소득의 발생 및 그 처리만 신경쓰면 된다. 하지만 부가세 면세 업자라도 국세청에서 과표를 상향 조정하거나 세원 추적을 강화하고 있으므로 유의해야 한다.

법인 형태의 5~6인 회사는 세무 처리가 복잡하므로 세무사 사무실과 계약을 맺어 부가가치세 신고 및 법인세 처리를 일임하는 편이 절세 등 여러 가지 면에서 유리하다. 아무리 세무 처리를 잘한다고 해도 세무사만큼 절세 및 매끄러운 세무 처리의 노하우를 갖고 있지 못하기 때문이다. 세무사 사무실의 월 이용료는 9~15만 원 수준이고, 결산 때는 25~30만 원 정도 한다.

어느 경우이든 모든 비용의 처리는 반드시 영수증을 받아 두는 것을 잊지 말아야 한다. 세무사 사무실과 협조 관계를 맺고 있는 경우라면 영수증만 빠뜨리지 않고 모아 두어도 문제될 것이 없다.

또 누구나 다 잘 알고 있겠지만, 가능한 한 세금계산서는 끊지 않는 것이 좋다. 세금계산서가 발부되면 곧바로 국세청의 전산 자료에 입력되어 세원이 노출되는 것은 물론이고 과세의 자료로 활용된다.

끝으로, 약간 귀찮겠지만 관할 세무서의 담당 공무원을 찾아가 술 한잔씩 나누며 미리 사귀어 두는 것도 좋다. 그들 역시 박봉에 시달리며 어렵게 살림을 꾸려 가고 있는 사람들인지라 영세한 사업자의 처지를 누구보다도 잘 알고 있다. 사람 사귀어서 손해 볼 것은 없지 않은가?

부족 자금은 미리미리 체크하라

　5~6인 회사나 점포가 매달 필요로 하는 자금 규모가 어느 정도인지 각 지출 항목들을 하나도 빠짐없이 체크하여 부족한 자금이 있으면 미리 손을 써서 자금 운용에 차질을 빚지 않도록 만전을 기해야만 한다.

　물론 궁하면 통하는 것이 세상의 일이기는 하지만 돈 문제만큼은 차질을 빚기 십상이므로 최소한 3개월 정도 앞서 놓고 미리 필요로 하는 자금에 대한 계획을 세워, 부족 자금의 조달에 만전을 기해야 한다.

　수입 부분과 지출 부분을 비교하여 자금이 부족할 것으로 예상되면 그 부족액을 어떻게 조달할 것인가 하는 계획을 조기에 세워 자금 운용에 차질이 없도록 해야 한다.

　수입 부분은 판매를 통하여 벌어들이는 현금과 어음이 두 기둥이 되고, 지출 부분은 지불 어음 결제액, 차입금 변제액, 일반 경비, 인건비 등으로 구성된다. 이것을 월간 자금 운용표로 나타내면 아래와 같다.

5~6인 회사의 월간자금운용표

★★ 월

항 목	전월 이월액	XXX 원
수입부분	현금회수	XXX 원
	어음할인	XXX 원
	기　타	XXX 원
	계	XXXX원
지출부분	어음결제	XXX 원
	차입금변제	XXX 원
	기　타	XXX 원
	계	XXXX 원
	과부족액	XXX 원
자금조달	은행차입	XXX 원
	일반차입	XXX 원
	기　타	XXX 원
	계	XXXX 원
	이월액	XXX 원

　이렇게 표를 만들어 보면 필요로 하는 현금 수요량 및 그 부족분을 한눈에 파악할 수 있다. 이때 자체 충당이 도저히 불가능하다 싶으면 그 부족 자금을 외부에서 조달할 수밖에 없다.

　대기업이라면 주식을 추가로 발행하거나 사채를 모집하거나 보유 부동산을 매각하거나 아니면 그 부동산을 이용해 은행에서 대출을 받는 등 여러 가지 방법이 있겠으나, 이렇다 할 자금 융통 수단이 없는 영세 기업체들은 어디에선가 돈을 빌려와야 한다.

　자체 수익금으로 모든 운전 자금을 충당할 수 있다 하더라도 돈을 융통하는 것이 더 좋다. 내 돈만 가지고 장사하겠다는 경영자가 있다면 그것은 어리석은 생각이다.

　돈이 있을 때 쉽게 돈을 벌 수 있다고, 회사가 잘 돌아갈 때 대출을 받아야지 사정이 어려워지면 돈을 빌리고 싶어도 빌리

지 못하게 된다. 호황일수록 은행에서 돈을 대출받아 그 대출
받은 돈을 갚기 위한 프로젝트를 추진하는 등 더 열심히 뛰어
야 한다.

　이하에서 항을 바꾸어 우리 5~6인 회사의 부족 자금을 어
디서 어떻게 충당할 것인지에 대해서 검토해보자.

기생같은 금융기관이지만 잘다루면 유리하다

　서울 마포에서 일곱 명의 직원들과 함께 기계 제조업을 하고 있는 H사의 김덕재 사장은 은행 소리만 나오면 욕설부터 퍼붓는다.

　「갑자기 돌아온 어음 1천5백만 원을 막기 위해, 마침 영세기업을 위한 긴급 경영안정자금을 지원한다는 소리도 있고 해서 그동안 거래해 온 저희 회사 주거래 은행에 찾아갔습니다. 그런데 사정 얘기를 다 털어놓기도 전에 안 된다는 대답부터 들었습니다.

　그 후 은행에 있는 제 친구로부터 영세기업은 도산 위험이 높기 때문에 상대적으로 안전한 업체에 자금을 몰아주기로 내부 방침을 정하고 있다는 얘기를 들었습니다. 말하자면 열 군데 영세기업의 몫을 한 군데 중견기업에 몰아주는 식이지요.

　엄연히 영세 기업들에게 배당된 돈을 중견기업에게 준다는 것은 도저히 이해가 되지 않았습니다. 그래서 곧장 저 번에 갔던 주거래 은행에 찾아가 따졌습니다. 그런데 그 대답이 걸작이었습니다. 아무리 정책 자금이지만 부도가 나면 그 책임을 누가 지겠느냐는 것이었습니다.」

　이 소리를 듣고 김 사장은 그 직원과 대판 싸웠다고 한다.

은행에서 단돈 1천만 원도 대출받지 못한 김 사장은 그 후 친구에게서 겨우 돈을 빌려 예의 그 화급하게 돌아온 어음을 막을 수 있었다고 한다.

우리 나라 금융 기관들의 문턱이 이렇게 높고 그 제도에 허점이 많아 종업원 20인 이하 기업들 중 불과 8만여 개만이 은행과 같은 금융기관과 거래를 하고 있다.

하지만 5~6인 회사가 어음이나 가계 수표, 당좌 수표를 편리하게 사용하고 또 경우에 따라 대출이라도 받으려면 자존심 상하고 어렵더라도 금융기관과 긴밀한 관계를 만들고 유지하는 것이 좋다.

1. 어떤 금융기관과 거래를 맺을 것인가

우선 5~6인 회사 사장의 친인척이나 절친한 친구가 재직하고 있는 은행이나 보험사하고 거래를 맺는 것이 좋다. 그것도 없으면 대동, 보람, 하나, 동화 등과 같은 신설 은행과 거래 관계를 맺는 것이 상대적으로 우대를 받을 수 있으므로 좋다.

또 시티 은행과 같은 외국계 은행들의 서비스 조건을 면밀히 검토하여 필요하다면 그들 은행들과 탄탄한 거래를 쌓아 나가는 것도 한 방법이 될 수 있을 것이다.

그리고 이모저모 살펴봐도 영 마음이 내키지 않으면 신용금고와 거래하는 것도 고려할 만하다. 신용금고의 서비스는 은행보다 나으며, 대출 이용률이 좀 높기는 하지만 대출 처리도 빠르다. 사주와 친분 관계를 맺어 놓으면 어느 정도까지는 유연성을 발휘할 수 있기 때문이다.

기타 보험 회사와의 관계를 돈독히 해두는 것도 대출받는 데 유리하게 작용한다.

2. 거래 금융기관의 관리는 어떻게 해야 하는가

모든 거래처 관계가 그렇듯이 금융기관도 일단 거래를 맺기는 쉽지만 신용을 쌓기 위해서는 여간한 노력을 기울이지 않으면 안된다.

특히 은행과 같은 금융기관은 화류계 기생과 같은 존재라서 회사가 잘 돌아가면 비록 작은 규모일지라도 갖가지 편리와 서비스를 알아서 챙겨주는 척하지만 어디서 어떻게 알았는지는 몰라도 회사가 조금이라도 흔들리고 있다는 냄새를 맡으면 지금까지의 상냥스런 태도를 돌변시켜 대출금을 언제까지 변제하라느니, 추가 담보를 언제까지 더 넣지 않으면 법에 따라 처리할 수밖에 없다느니 하면서 괴롭히기 일쑤다. 그러므로 그 관리에 세심한 신경을 써야만 한다.

금융기관의 관리를 위해서는 그 기관에 자주 찾아가 담당자와 인간 관계를 돈독히 해두는 것이 좋다느니, 결산기 때 자사의 영업 실적 등 전반적인 회사 상황에 대해 의견을 교환하는 것이 좋다느니 어쩌니 하지만 모두 허무맹랑한 소리들일 뿐이다.

금융기관과의 관계를 돈독히 하는 길은 단언하건데, 회사를 잘 운영해서 평균 잔고를 최대한 올려 주는 것, 그리고 타 업체의 사장들에게 그 금융기관을 소개해서 손님을 유치시켜 주는 것, 그 이외의 좋은 방도는 없다.

그리고 시간이 나면 은행장이나 지점장들과 인간적 유대 관계를 맺어 놓는 것이 좋다. 담당자하고 백 날 인간적 유대를 맺어 봐야 이자 물어 가며 변제 기간 연기시키는 것, 그것도 한 1년 정도, 그것밖에 없다.

3. 금융 기관은 5~6인 회사의 어떤 점을 체크하는가

돈 다루는 직업이 일반적으로 의심이 많듯이 금융기관은 절대로 5~6인 회사의 장부나 사업계획서를 믿지 않는다. 기술 지원 금융기관도 마찬가지다. 그들은 하나같이 자체 평가기준에 의해 기업체를 평가하고 당좌대출계약도 맺는다.

금융기관의 기업체 종합평가표

평가항목	평가내용	배점	평정
재무상태	자기자본비율 등 자본구성	15	
	자본의 유통성 정도	15	
	총자본 수익율 등 수익성	15	
	자본의 안정성	5	
	소계	50	
사업현황 및 전망	총자본 회전율 등 유통성	4.5	
	총자본 증가율 등 성장성	4.5	
	부가가치율 등 생산성	9	
	추정매출액 순이익율 등 사업성	12	
	소계	30	
은행과의 관 계	연체나 부도 등 거래신뢰도	5	
	채무상환능력	2.5	
	경영상담 강도	2.5	
	소계	10	
경영형태 및 경영자의 인적사항	경영관리체계의 합리성 등	—	
	경영능력	2	
	경영자 및 업체의 상벌 여부 등	4	
	노사관계 등	4	
	소계	10	
	합계	100	

　　위 금융기관들이 기업체를 평가할 때 사용하는 간략한 형태의 종합평가표에서도 알 수 있듯이 회사의 재무상태에 상당한 비중을 두는 등 자신들의 채권회수 가능성 여부에 최대 관심을 둘 뿐이다. 이 점 유의하여 대 금융기관 전략 전술을 짜는 것이 좋으리라 본다.

　　말이 나온 김에 여기서 한마디 덧붙인다면,

　　어느날 갑자기 급조된 중소기업청의 발족과 더불어 은행 등 금융기관들은 무담보 대출의 확대니, 기술을 담보로 한 지원의 확대니 어쩌니 하면서, 심청의 계모 뺑덕어멈 마냥, 있는 생색 없는 생색 다 내고 있지만, 그런 모습이 언제까지 지속될 것이라고 믿는 사람은 별로 없다.

　　금융기관 자체의 체질을 근본적으로 뜯어고쳐야만, 문자 그대로 환골탈태된 금융기관이 탄생될 수 있다.

　　가장 가까운 예로, 대출금 회수 가능성이나 이자 계산 등 수치만 가지고 쪼물딱거리는 사람들로 이루어진 대출심사부를 아예 없애버려야만 한다. 튼튼한 담보 확보 후의 대출 업무 정도라면 솜털 뽀송뽀송한 삼척동자라도 누구나가 할 수 있는 일이다.

　　그런 부서를 없애는 대신 실제 사업경험이 많은 사람들로 이루어진 가칭 「사업투자부」 같은 것을 만들어, 예를 들면 자금이 필요한 업체의 사업타당성을 검토하여 일정 리스크하에 투자를 하고, 나중에 그 사업이 성공하면 그 투자액수에 비례한 이익금을 나눠먹는 식의 체질로 바꿔야만 한다.

　　이렇게 해야만 실제로 우리 중소기업들이 살 수 있고, 은행 등 금융기관 자체도 돈을 벌 수 있다.

말이사 바른 말이지만, 맨날 앉아서 이자만 따먹는 금융기관
이 어디 진정 금융기관이라고 할 수 있겠는가?
가히 부끄러운 일이 아닐 수 없다.

각종 지원금융을 활용한 부족자금 조달

   세세히 살펴보면, 중소기업 및 기술중심 기업을 대상으로 자금을 대출해 주는 기술지원금융, 창업지원금융, 중소기업진흥기금 등 각종 특수 금융은 그 종류가 상당히 많다.

   따라서 기술집약적 제조업체라면 특히 신경써서 체크해 볼 필요가 있다. 물론 그 대출 관행에 있어선 은행, 보험 등과 같은 금융기관과 그 실제에 있어선 거의 다르지 않으므로 일반 금기관에 적금하고 관리하는 요령으로 임하면 무방할 것이다.

학교 동창회기금, 조합기금 등의 활용

학교 동창회나 조합은 인맥을 넓히는 데도 중요하게 작용하지만 적립금을 모으는 적극적인 모임이라면 어음 할인 등 급전을 돌리 데는 안성맞춤이다. 동창회나 조합 기금이 상당 액수 적립되려면 기간이 좀 오래 걸리지만 평소에 조금씩 신경을 써두는 것이 바람직하다.

소위 말하는 사채를 통한 조달

1. 밉지만 그래도 급할 때는

밉지만 급할 때 편리하게 이용할 수 있는 곳은 사채 업자들이다. 금융기관과의 거래도 그렇지만 사채업자 역시 냉정하기는 마찬가지다. 이미 인생의 쓴물 단물 다보고 악다구니만 남은 사람들이기 때문이다.

철저히 어음 할인하고, 소액 차입하고, 이자 갚고 하는 주고받는 관계로만 거래해야지 그 이상의 것을 기대해서는 안 된다.

2. 친구 돈은 평소 거래가 있어야 가능하다

아무리 친한 친구라도 평소 돈 꿔주고 받았던 전례가 있는 사람하고만 거래가 이루어지게 마련이다. 술 값은 하루 저녁에 1백만 원 이상씩 내는 친구라도 평소 돈 거래가 없었던 친구라면 기대 난망이다.

따라서 친구들 돈을 빌려 쓸 요량이라면 평소 여유 있을 때 조금씩 꾸고 갚는 관계로 발전시켜 놓는 것이 요령이라면 요령이다. 또 친구들과 계를 조직하여 선순위로 돈을 타내는 것도 한 방법이 될 수 있다.

3. 친척 돈은 가능하면 빌리지 마라

급전이 아무리 필요해도 절대 하지 말라. 돈 차용했다가 못 갚으면 가장 지독한 빚쟁이로 돌변하는 것이 바로 친척이다. 사업을 해봤던 친척이라면 덜하지만 일반 샐러리맨, 교사 등의 직업을 가진 친척이라면 더더욱 조심해야 한다.

4. 오히려 여자가 도움이 된다

마누라들의 예를 봐서 잘 알겠지만 여자들은 자기가 아는 남자가 진짜 급전이 필요해 허둥대는 모습을 보면 어디서 빌려 오는지는 몰라도 제법 큰돈을 내놓는다. 그러므로 마누라도 그렇지만 다른 여자들한테도 도움을 주어야 할 경우가 생기면 아낌없이 도와줘라. 진짜 도움이 되는 날이 있다.

제8장

5~6인 회사의 사람 뽑기와 프로 만들기

성실한 사람을 뽑아 갈고 닦자

5~6인 규모의 회사처럼 초라하고 보잘것없는 곳에 처음부터 우수한 사원이 들어올 리 만무하다. 어엿한 직장을 잡아 떳떳하게 장가도 가야 하고 또 어디 가서 자기는 어느 회사에 다닌다고 폼도 재고 싶은 것이 인지상정인데, 우수한 인재가 5~6인 회사같이 초라한 곳에 들어올 리가 만무한 것이다.

또 개중에는 5~6인 회사를 입에 풀칠이라도 해야 하는 화급함을 면하기 위한 임시 방편쯤으로 여기는 당돌한(?) 의식을 가진 사원들도 있다. 또 들어왔던 사원도 업무를 독자적으로 처리할 만하다 싶으면 훌쩍 나가 버리는 경우도 많다.

게다가, 월급을 한두 푼만 더 많이 준다고 하면 일언반구의 사전 상의도 없이 다른 회사로 옮겨가 버리는 것이 요즘 젊은 직장인들의 특징이라면 특징이다.

또 직장 상사에게 책망 한번 들었다고 해서 바로 그 다음날부터 회사를 나오지 않는 다혈질(?)의 주인공들이 바로 요즘 신세대들이다. 한마디로 말해서 이런 저런 사정이 겹쳐 우수한 사원도 안 들어오고, 전출입도 잦고, 남아 있는 사람이라고 해봐야 업무에 미숙한 사람들이 많은 것이 바로 5~6인 회사다. 5~6인 회사의 또 다른 약점이고 설움이 아닐 수 없다.

진짜로 필요한 인재라면 유비가 재갈량을 붙잡듯 삼고초려를 해서라도 붙들어야겠지만 그렇게 성의를 다해도 굳이 들어

오지 않겠다는 사람을 애걸복걸해 가면서 들어오게 할 수도 없는 일이다.

사실 그 사람이 우수한지 아닌지는 겪어 보아야 아는 일이고, 또 우수한 사원이 들어온다고 해도 회사가 금방 빛을 발하는 것도 아니다.

실제로 주위를 보면 배운 것도 남다르고 발이 넓은 마케팅의 귀재라고 자타가 공인하는 사람을 들여놓았다가 이득은커녕 낭패만 보는 경우도 많이 있다.

그렇다면 5~6인 회사는 우수한 스텝진 하나 없이 언제까지나 위축되어야만 하는가? 여기서 5~6인 회사 나름대로의 방안을 모색해 보자. 우수하지는 않더라도 성실한 사람을 뽑아 우수하고 색깔 있는 스텝진으로 만들어 보자는 것이다.

너무 이상적인 이야기 같지만, 현실적으로, 이 방법 이외에 별다른 대안이 없는 것 또한 사실이다.

사정이 이와 같다면 고집을 한번 세워보자는 것이다.

어차피 이것 저것 불리할 수 밖에 없는 입장의 5~6인 회사의 입장에서 있지도 않은, 그리고 자기 이익만 챙기기 일쑤인 소위 잘났다고 하는 인재에 연연하지 말고 마음만이라도 성실한 사람을 만나 같이 고생하겠다는 각오로 용병의 길에 나서 보자는 말이다.

적어도 이 정도 고집이라면 5~6인 회사를 알차게 만들어갈 수 있는 리더십은 충분히 발휘될 수 있으리라 믿는다.

사실 한나라를 세운 고조 유방, 마오쩌뚱도 자신을 믿고 따라준 몇사람으로부터 대장정을 시작했다.

한꺼번에 네다섯 명을 채용하는 만용을 부리지 말자

사업 경험이 일천한 사람들 중에는 사업을 호기 있게 해본 다고 사원 4~5명을 한꺼번에 채용하는 사람이 가끔 있다. 이 것은 절대 금물이다.

점포 사업의 경우는 약간 예외지만, 사업 초기 4~6개월간 매출이 전혀 없는 일반 사업의 경우라면 그 많은(?) 사원들을 먹여 살려야 하는 부담을 감내할 수 없는 경우가 대부분이다.

게다가 사원들을 한꺼번에 채용하면 회사의 분위기에 쉽게 젖어 들지 못한다. 조금 아는 사원은 아는 대로 떠들어대거나 불평을 해대고, 모르는 사원은 당황하기 때문이다.

따라서 사원의 채용은 설사 사업 초기 인원이 모자란다고 해도 간격을 두고 한 사람씩 주도 면밀한 계획하에 채용하는 것이 바람직하다.

필요하다면 정식 사원보다 아르바이트 사원을 채용해서 일 정 기간 일을 시켜 본 후, 그 아르바이트 사원을 정식 사원으 로 채용하는 것도 좋은 방법이 될 것이다.

친인척의 등용은
득보다 실이 더 많다

5~6인 회사의 특성상 사원을 공개 채용하는 경우는 거의 없다. 학교 선후배 아니면 친인척을 통하여 물어 물어 채용하게 된다. 또 추천한 사람의 얼굴을 봐서 마지못해 채용하는 경우도 적지 않다. 사회 선후배나 학교 선후배가 추천한 경우는 그래도 낫다.

문제는 친척이 자신의 자식이나 조카를 추천하는 경우다. 어떤 경우에는 자기 자식을 채용해 주면 회사에 얼마를 투자하겠다는 적극적인 사람도 있다. 이런 경우 그 자식이 믿음직하고 책임감이 있는 경우는 거의 없다. 여기저기 취직을 시도해 보다 되지 않아서 이곳까지 말이 나오는 경우가 대부분이다.

이런 우여곡절을 거쳐 채용된 친인척 사원은 대부분이 회사 내 분위기에 어울리지 못하고 성실하지도 않다.

또 회사가 조금만 어려워지면 그 사원의 취직을 조건으로 기분좋게 투자한 돈까지 내놓으라고 닥달을 해대는 경우가 흔하다.

게다가 친인척이 회사에 같이 있으면 성실한 다른 사원들까지도 피해를 보고 일할 의욕을 잃고 만다. 특별히 친인척 사원에게 더 잘해주는 것도 없는데 다른 사원들 눈에는 잘 해주는 것으로 보이게 마련이다.

사장의 아들이라면 그런대로 감내하다가도 친인척이라면 별 것도 아닌 것이 까분다고 수군댄다. 이렇게 되면 회사 전체에 크나큰 마이너스다.

물론 친인척 중에서 유능하고 성실한 인재가 있다면 오기 싫다고 하더라도 회사의 가족으로 만드는 것이 좋지만, 이런 경우가 아니면 가급적 친인척 사원의 등용은 피하는 것이 좋다.

그 친인척이 처남이라면 마누라하고도 사이가 틀어지게 된다.

이런 사람은 채용에 신중하라

외모나 첫인상이 그 사람의 전부를 대변하지는 않는다.

그러나 외모나 첫인상이 그 사람의 성격을 어느 정도는 보여 준다. 다음은 5~6인 회사에 필요한 사원을 채용할 때 주의할 사항들이다.

1. 눈이 좌우로 왔다갔다하는 사람

면접을 볼 때 외모, 체격, 논리적 사고, 그 어느것 하나 흠잡을 데는 없는데 눈동자가 왔다갔다하는 입사 지원자가 있다면 채용하지 않는 것이 좋다.

물론 눈이 아프거나 평소 대인 관계가 서툴러, 아니면 면접 보는 자리가 왠지 모르게 어려워서 그러는 경우도 있을 수 있다. 하지만 그런 경우는 쉽게 구별이 된다.

이런 경우는 제외하고, 위에서 지적한 케이스에 해당하는 사람은 보나마나 회사에 누를 끼칠 사람이다. 지원자의 배경이 좋아 장래 활용의 가치가 높다고 해도 과감히 뿌리치는 것이 현명하다.

또한 상담이나 대화할 때, 눈을 상대방을 쳐다보지 않고 다른 곳에 둔다거나 아니면 내려깔고 임하는 사람은, 일견 자신감이 없어보이는 사람이지만, 개중에는 음모적 성품의 사람이 있으므로 이 점도 주의할 사항이다.

2. 너무 달변인 사람

대부분의 경우 말만 앞서는 사람이고 파당을 형성하는 데 능한 사람이다. 게다가 경리 담당 여사원과 문제를 일으킬 가능성이 농후한 사람이다.

3. 평소 생활 철학이 의리라고 내세우는 사람

굳이 노자의 도덕경에 나오는 「도가도 비상도(道可道 非常道), 명가명 비상명(名可名 非常名)」을 들추지 않더라도 회사가 어려우면 제일 먼저 나 몰라라 하고 떠날 사람이다.

4. 미모가 뛰어난 여사원

남자 사원의 경우도 마찬가지지만 여자는 수수하고 후덕하게 생긴 여자가 결혼해서 잘살듯 회사 일도 지혜롭게 잘 처리한다. 앞에서도 얘기했지만 5~6인 회사의 여사원은 단순한 차 심부름이나 하는 존재가 아니다. 남자 몫까지 담당해야 한다. 여자의 외모가 잘나면 이상한 자존심만 내세우고 일 처리는 엉망으로 하는 경우가 많다.

5. 도나 이상한 종교에 심취해 있는 사람

이런 사람은 이미 사주팔자에서 회사 일이나 비즈니스와는 멀리 떨어져 있는 사람이다. 아무리 성실해도 언젠가는 조용히 회사를 떠날 사람이고 술 한잔 들어가면 사장 머리 위에 올라서서 한 수 가르치겠다고 덤빌 사람이다.

6. 결함이 많은 사람 중에 의외로 성실한 인재가 .

살아가는 것 자체가 자신의 의지대로 되지 않지만 그 중에서도 자신의 의지와 무관한 것이 있다면 성장 과정일 것이다. 불가(佛家)에서는 전생에 억만 겁 선행을 쌓아야만 유복한 가정에 태어나 아무 탈없이 성장할 수 있다고 설파하고 있다.

하지만 차승의 입장에서 보면 현세가 바로 전생이 된다. 그러므로 모진 성장 과정 속에서도 진짜 별 탈없이 자신의 꿈을 키워 온 젊은이가 있다면 그 사람이야말로 전생의 억만 겁 선행을 쌓은 인물일 것이며 어떤 일이라도 묵묵히 처리해 낼 사람임에 틀림없다.

따라서 비록 일류 대학을 나오지 않았더라도, 또 촌구석 지방 출신이라고 해도, 아니면 아르바이트를 하며 야간 대학을 다녔거나 대학갈 형편이 못 되어 상업계 고등학교를 나온 사람이라고 할지라도 꿋꿋한 성품의 소유자라면 과감하게 같이 일해 보자고 제의할 수 있어야 한다. 당장은 빛을 발하지 못하는 사람일지라도 갈고 다듬어 놓으면 옥처럼 빛날 사람이 사회 한구석에는 의외로 많다.

이런 사장이면 사원들이 떠난다

1. 회사를 자기 물건이라도 되는 양 취급하면

개인 사업체는 그 도가 덜하겠지만 법인 형태로 운영되는 5
~6인 회사의 사장이라면 특히 주의를 요하는 대목이다.

「이 회사는 내 것이다. 내 돈 내서 만든 회사고, 망해도 나
만 망하는 것이니까 구워 먹든 삶아 먹든 내 맘대로다.」라고
생각하는 사장들이 가끔 있다. 이런 사장의 의식이 사원들의
의욕을 꺾는다.

이것은 경험이 일천한 사업가보다는 고생고생해서 이제 제
법 자리가 잡힌 자수성가 타입의 사장들에게서 흔히 나타나는
현상이다. 돈벌이에 대한 약간의 요령도 생겼고, 그러다 보니
까 자신은 상당한 능력자라는 자만심 비슷한 것이 생겼을 때
보여지는 현상 중 하나다.

그런 사장들은 여사원을 자기 집에 딸린 무슨 보조원 정도
로 여겨 사사로운 일을 시키기도 하고, 사원들이 불평 불만을
늘어놓으면

「너희들은 고생을 안 해봐서 그런다. 정 이런 식으로 나오
면 회사 문을 닫을 수밖에 없다. 나는 회사 문을 닫으면 그만
이지만 너희들은 당장 직장이 없어지고 만다.」

라는 극언을 퍼붓기도 한다.

  그리고 자신은 대낮에 사우나 같은 곳에서 몇 시간이고 허송 세월하면서 직원들에게는 자리를 비우지 말라고 호통을 치기도 한다. 사장의 이런 의식, 이런 소리, 이런 행동을 듣고 보는 사원들은 어떤 생각을 할까? 보나마나

  「이런 회사에서 뼈빠지게 고생해 봤자 남 좋은 일만 시키는 거지. 내 친구가 다니는 회사의 사장은 이렇지 않다는데. 어디 딴 직장으로 옮겨야겠다.」

  는 생각을 할 것이다. 이런 생각들이 쌓이고 쌓이면 사장을 정상적인 상식을 가진 사람으로 보지 않는다. 불평 불만만 늘어가고 사원들은 하나둘씩 회사를 떠나기 시작한다.

  그리고 다른 직장에 옮겨가서도 전에 있던 자기 사장에 대한 험담을 마구 늘어놓는다. 이렇게 되면 발 없는 말이 천 리를 간다고 소문이 과장되어 돌고돌아 사장의 대외 교섭력에도 막대한 지장을 초래하게 된다. 순식간에 전망이 불투명한 회사가 되는 것이다. 회사는 규모가 아무리 작더라도 결코 사장 개인의 것이 아니다.

2. 말과 행동이 틀리면

  회사 내에서의 공식 발언은 물론이고 사원들과 어울려서 대폿잔을 기울이며 아니면 야유회나 회식과 같은 자리에서 회사의 방침이나 사원들의 급료 혹은 복리 후생에 관계되는 사장의 발언은 장소에 상관없이 공론(公論)에 해당되는 말이다. 따라서,

  「그런 소리를 제가 했던가요. 기억에 없는데요.」 아니면

  「난 그런 말을 그런 자리에서는 절대로 하지 않는 것을 원칙

으로 하는 사람이네.」

「내가 그때 얘기한 것은 그런 뜻이 아닌데.」 라는 식으로

변명 반 아웅 반 하는 무책임한 사후 처리는 사장으로서 빵점에 해당한다.

이런 일이 몇 차례 되풀이되면 사원들은 「또 말만 그럴듯하게 하는구나.....」 하고 잘 듣지도 않게 된다. 사장을 불신하게 되고 사장을 얕잡아 보게 되며 회사를 등지게 된다.

친척들 혹은 후배들 몇 명과 함께 가족처럼 운영하고 있는 회사나 점포의 경우에도 마찬가지다. 어디까지나 공은 공이고 사는 사다. 그러므로 사장은 입이 무거워야 한다. 기분이 좋아서 한 말이 씨가 되어 자신의 의리와 상관없이 거짓말쟁이가 되어 버리면 곤란하다.

이것은 특히 마음이 따뜻하고 좋다는 소리를 많이 듣는 사장들에게서 많이 나타나는 현상이다.

사원들의 집단 건의에 몰려 혹은 사원 한두 명의 애수에 가득 찬 하소연에 마음이 움직여 엉겁결에 내뱉는 수가 있다.

이는 절대 금물이다. 정 궁지에 몰리면 다음에 얘기하자며 먼저 자리에서 일어서는 것도 한 방법이다.

일단 자리를 피하고 따로 자리를 마련하여 자신의 말이 성급했음을 솔직하게 시인하고 엉겁결에 내뱉은 약속은 상황이 호전되면 반드시 지킬 것임을 다짐해 주는 것이 좋다.

한마디로 사장의 고뇌를 이해하도록 만드는 것이다. 상황에 밀려 무리하게 약속을 지키다 보면 더 어려운 상황으로 밀리게 된다.

사장 혼자 설치면
인재가 길러지지 않는다

겉으로는 부드럽지만 속으로는 강하고 능력 있는 사원들이 사장과 더불어 열심히 뛴다면 미국이나 유럽에서 흔히 볼 수 있는 고액의 월급을 주는 회사로 성장할 수 있다.

큰 회사건 작은 회사건 사원들이 열심히 뛰어 주지 않는다면 회사의 발전은 있을 수 없다.

강하고 색깔 있는 인재는 백 가지 이론을 주입시킨다고 해서 만들어지는 것이 아니다. 또 그 사원의 학력이 높다고 해서 인재가 되는 것은 더더욱 아니다.

사장이 모범을 보이고, 그 사장을 믿고 따라 나서서 영업 현장, 채권 회수 현장, 은행과 같은 대출 현장, 구매 현장에서 몸소 겪으면서 배워야만 비로소 인재가 될 수 있다.

그 중에서도 우선, 사장 혼자만 잘났다고 설치지 말아야 한다. 5~6인 회사의 특성상 노련한 사원이 정년까지 남아 있는 경우는 극히 드물다. 오래 견디는 사원도 드물다.

그래서 5~6인 회사의 사원들은 업무에 관해 미숙한 사람이 한둘은 있게 마련이고, 또 나이 어린 사람들이 많게 마련이다.

사정이 이렇다 보니까 말이 5~6인 회사고 웬만한 규모의 점포지 중요한 일은 사장이 혼자서 다 처리하고 사원들은 허

드렛일이나 하는 원맨(One Man)회사와 진배 없는 경우도 적
지 않다.

  이것이 5~6인 회사가 안고 있는 결정적인 함정이다. 사원
들은 사장이 없으면 업무를 보지 못한다. 사장의 결재가 없으
면 책상 하나도 재배치하려는 의욕을 보이지 않는다.

  그저 사장이 일을 시키기만을, 나아가서 어렵다 싶은 일은
사장이 다 처리해 주기를 앉아서 기다리는 게으름뱅이가 되기
일쑤다.

  사장 자신도 그렇다. 이런 사원을 나무라다가도 「에이, 귀
찮지만 내가 처리하는 게 훨씬 마음 편하지. 누구에게 맡기기
도 사실 불안하고…….」하며 열 사람이 달려들어도 해낼까 말
까 한 일을 혼자서 이리 뛰고 저리 뛰면서 처리한다.

  그러고는 저녁때 자기 친구라도 만나 소주잔이라도 기울이
면

  「요새 애들은 도대체가 말을 안 들어 먹는단 말이야. 이 나
이에 내 돈으로 월급 주면서 꼭 상전 모시듯 해야 하니. 에이,
욕먹어도 직장 생활할 때가 편했지 괜히 사업이라고 벌였
어…..」

  이런 식으로 푸념을 늘어놓는다.

  이런 타입의 사장은 자신이 몸담고 있던 회사에서 업무 처
리가 꼼꼼하기로 소문이 났던 출신들이 많다. 아직까지도 직
장 생활에서의 성실함(?)이 몸에서 벗겨지지 않은 것이다.

  특히 부장 정도의 자리에 있다가 창업한 사람들은 자신이
맡은 업무를 며칠 밤을 새워 완수하고 사장에게 직접 결재를
맡으며 칭찬 듣던 그 황홀감(?)을 무의식적으로 못 잊어 위와
같은 모습을 보이는 경우가 많다.

이것은 착각이다.

자신의 능력도 능력이지만 그 회사의 잘 짜여진 시스템이 그것을 가능하게 한 것뿐이다.

말하자면 그 대기업체의 사장은 사람을 부릴 줄 알았던 사람이었고, 결정적으로는 업무 이관에 따른 모든 책임을 지겠다는 계산과 각오를 다진 후에 나온 전격권의 부여였던 것이다.

큰 회사건 작은 회사건 사장의 역할은 원칙적으로 비슷하다. 사장 자리는 뒷전에 앉아서 방향을 제시하고, 사원들을 다독거리고, 큰 일이 터지면 해결해 주고, 결재하는 자리다.

사장이 너무 앞장서 설치면 사원들은 게을러지고 자신은 무능한 바보가 아닌가 하는 자기 비하에 빠지게 된다. 이렇게 되면 사장에게 미안해서라도 회사를 떠난다.

사장이 너무 분주하게 움직이면 회사도 맥이 풀리고 사원들도 맥이 풀리고 사장 자신도 나중에는 맥이 풀리게 된다. 이런 식으로는 인재가 길러지지 않는다.

구체적인 업무 속에서 실수도 하면서 차차 길러지는 것이 인재지, 일 잘하는 사장 백 날 쳐다보고 있는다고 인재가 되는 것이 아니다.

현장 중심으로
사원들을 단련시켜야

전용 공작기계 제작업체인 주식회사 보양기계의 정 사장은 독특한 경영 방법을 구사하고 있다. 아무리 명문 대학의 기계과를 나왔다고 해도 신입사원들은 반드시 입사 초기 3개월간 현장 수주 세일즈를 시켜 거래처의 기계에 대한 불평이나 아쉬운 점, 애프터서비스상의 미비점 등을 체크하도록 하고 있다. 그런 뒤 공학도의 본분인 개발에 임하게 하고 있다.

「그래야만 실감 있는 기계 설계가 가능하지요. 현장 체험이야말로 백 가지 이론보다 더 생생한 지식을 쌓을 수 있는 가장 좋은 방법이라고 생각합니다.」

보양기계 정 사장의 자신에 찬 설명이다. 이런 과정을 거쳐야만 진짜로 고객의 신뢰를 얻을 수 있는 인재가 양성된다는 믿음이다.

사실 아무리 점잖고 현학적인 수사학(修辭學)을 동원하여 회사의 본질을 설명한다고 해도 「회사는 돈벌이 장치다.」라는 명제를 비켜 가지 못할 것이다.

이 돈벌이 장치인 회사가 신바람을 타고 발전하자면 그 회사의 아이템을 소비자들에게 「많이」「빨리」「오랫동안」 판매하여 최대한의 부가가치를 창조해야만 한다.

구슬이 서 말이라도 꿰어야만 보배가 될 수 있듯이 회사에 있어 마케팅 활동의 중요성은 아무리 강조해도 지나침이 없을 것이다.

특히 시스템으로 움직이는 대기업이나 중견 기업과는 달리 대여섯 정도의 소수 인원으로 이루어진 영세한 회사가 생존하기 위해서는 사장이 선두에 서고 직원들 모두가 마케팅 활동을 펼쳐 나가는 전사적(全社的) 마케팅 체제를 갖추지 않으면 안 된다.

특별히 돈 나올 구석도 없고 대기업처럼 과다 광고를 칠 수도 없으니 죽기 살기로 발로 뛰는 마케팅을 펼쳐 영업 수익을 올릴 수밖에 없는 것이다.

이처럼 총체적 형태의 마케팅이 이루어지지 않는다면 회사 경영이라는 것은 사실상 존재 가치가 없어지고 만다. 적극적 마케팅 활동이 결여된 회사는 생동감이 없을 뿐만 아니라 그 수명 역시 길지 못함은 다언(多言)을 요하지 않는다 할 것이다.

그렇지만 사장이 제아무리 앞장서서 죽기 살기로 마케팅을 한다고 해도 사원들이 뒤에서 더 열심히 뛰어 주지 않는다면 전사적 마케팅이니 총체적 마케팅이니 하는 말은 모두 공허한 메아리가 될 뿐이고 매출 확대는 불가능한 일이 되고 만다.

사실 5~6인 회사의 경우는 그 구조적 특성상 믿을 만한 마케팅 역량을 갖추고 있는 사원들이 없는 경우가 대부분이다.

사원들의 마케팅 역량이 낮으면 외부의 판매 전문 교육 기관과 계약을 맺어 일정 기간 연수 교육을 받게 하는 것도 한 방법이 될 수 있겠지만 영세한 기업에게는 그럴 만한 여유가 없다.

또 마케팅 역량이라는 것이 이론 교육을 받는다고 해서 단기간에 길러지는 것도 아니고 오랜 기간에 걸친 현장 실전 경험이 쌓이고 쌓여야만 비로소 길러지는 것이라는 점을 감안한다면 이 방법 또한 썩 좋은 방법은 아닐 것이다.

따라서 5~6인 회사의 사장들은 한편으로는 자신 스스로가 열심히 마케팅을 하여 모범을 보이고 또 한편으로는 영업 선배의 입장에서 모든 사원들이 자신있게 마케팅 현장에 임할 수 있도록 격려도 해주어야 한다.

또 실제로 마케팅에 임해서 사장인 자신은 어떤 요령으로 밀고 당긴 끝에 판매를 성사시켰고, 또 어떤 방식으로 접근하다 실패했는지, 또 크레임을 먹었을 때 사후 처리는 어떻게 했는지 자상하게 설명해 주어야 한다.

게다가 그들이 실의에 빠졌을 때는 그것에서 벗어날 수 있도록 이끌어 주고 용기도 불어넣어 주는 이중, 삼중의 부담스러운 역할을 할 수밖에 없다.

이 때문에 작고 영세한 기업이나 점포의 사장은 괴롭고 고달픈 것이다.

하지만 사장 자신이 괴롭더라도 이런 과정을 거쳐야만 사장과 사원들간의 유대감도 생기고 나아가서 지위의 높낮이를 떠난 동지애도 자연스럽게 우러나오게 된다. 또 이런 과정이 쌓이고 쌓여야만 비로소 탄탄한 팀워크를 자랑하는 5~6인 회사가 탄생한다.

자사의 아이템에 관한 한 최고의 전문가로 만들어야

이것은 너무나도 당연한 얘기다. 소위 5~6인 회사의 가족이라고 자처하는 사람이 회사에서 취급하는 상품이나 서비스에 대해서 고객에게 자세히 그리고 알기 쉽게 설명하지 못한다는 것은 도대체 말이 안 된다.

전화로 문의하는 경우도 마찬가지다.

「잘 모르겠는데요. 담당자를 바꿔 드릴 테니 잠시만 기다려 주십시오.」

만약 담당자가 없으면 어떻게 하겠다는 이야기인가? 이래서는 곤란하다.

만약 자사의 아이템이 빌딩 오수 처리 엔지니어링이라면 우리 나라의 오수 처리 실태, 오수가 처리되는 과정 및 그 원리, 오수 처리에 관련된 법규, 외국의 오수 처리 사례, 오수 처리 장치를 도입하는 데 따른 비용 절감 방안과 그 지원 자금 안내, 공사 기간, 애프터서비스 계획 등 적어도 이 정도의 문의 사항은 하나도 막힘 없이 속 시원하게 대답해 줄 수 있어야 한다.

그래야 고객이 회사에 호감을 갖고 상담할 마음이 생긴다. 또 5~6인 회사가 의류 판매 점포라면 손님에게 어울리는 기본 색상 및 주변 색상의 안내, 의류의 손질 및 보관에 따른 주의점, 그 의류에 맞는 액세서리의 안내 등등을 어느 사원이든 자연스럽게 소개할 수 있어야 한다.

이와 같은 취급 아이템에 관한 전문 지식이 결여되어 있으면 아무리 화술이 뛰어나고 매너가 세련되도 고객에게 신뢰감을 주지 못한다. 신뢰감은 커녕 오히려 속임수는 아닌가 하는 공연한 의심만 불러일으키기 십상이다.

여기서 한 가지 주의할 점이 있다. 경험이 일천한 영업사원에게 많이 나타나는 현상인데, 아이템에 대한 지식이 아무리 풍부해도 마케팅 현장이나 기타 장소에서 고객을 만났을 때 그 지식을 활용하지 못하면 곤란하다는 점이다.

똑똑하던 수험생이 막상 시험장에 들어서면 바짝 얼어 시험을 망치듯 상품 지식은 풍부한데 설명 요령이 부족해서 그 지식을 고객에게 제대로 전달하지 못하면 낭패라는 얘기다. 여기서 구로동에 있는 완구 업체인 P사의 예를 하나 소개한다.

P사는 완구를 새로 개발하면 반드시 영업사원들을 위한 수련회 자리를 마련한다. 사장 이하 전 직원들이 모인 그 자리에서 몇몇 영업사원들로 하여금 그 신제품에 대해 전혀 사전 지식이 없는 바이어들을 상대로 제품을 소개하듯 약 15분 동안 그 신제품에 대해 자세히 설명하도록 지시한다.

신제품에 대한 설명이 끝나면 그 자리에 참석한 과장, 부장, 일반 사원들이 질문을 하는 시간으로 들어간다. 예리한 간부 사원들의 질문에 단상에 서 있는 영업사원들은 식은땀을 줄줄 흘리곤 하지만 이런 과정을 몇 번 거치고 나면 진짜 고객 앞에서는 능수능란하게 설명하게 된다고.

5~6인 회사의 경우에는 굳이 수련회라는 거창한 자리를 마련하지 않더라도 전 직원이 오손도손 모여 커피라도 마셔 가며 시험해 보면 상당한 효과를 거둘 수 있을 것이다.

참고로 정수기 회사인 C사가 사원들의 마케팅 교육을 위해 수첩 크기로 만든 메뉴얼을 소개한다.

따로 체계적인 사원 교육이 어려운 5~6인 회사에게 도움이 되리라 믿는다.

<u>C사의 사원 교육용 수첩</u>

<u>머리말</u>

- 시간과 공간을 초월하여 현재 자신과 만나고 있는 사람이 곧 고객이라는 사실을 명심해야 한다.
- 판매에 많은 시간을 할애하는 사람. 판매에 최선을 다하는 사람, 판매에 미치광이가 되는 사람만이 최후의 승자가 될 수 있다.

<u>판매방법</u>

1. 시험설치에 의한 판매
지역내의 대형식당, 관공서의 구내식당, 기업체의 구내식당 등 내왕객이 많은 장소에 정수기를 무료로 설치해 주고, 우리 제품을 설명하는 대형 푯말을 설치하고, 상주하면서 제품을 설명하고 주문을 받는다.

2. 이동판매
모터펌프를 부착한 싱크대에 정수기를 설치한 다음, 트럭과 같은 차량에 싣고, 각 기업체나 혹은 아파트 단지, 바자회 등에서 직접 성능을 보여주고 현지에서 주문을 받는다.

3. 중심인물을 통한 판매
각 아파트 단지의 부녀회장, 통장, 반장 등 그 지역에서 영향력을 발휘할 수 있는 사람을 선택하여 정수기 한대를 무료로 설치해 준 다음, 그 사람으로 하여금 판매에 참여할 수 있도록 유도한다. 물론 판매 시에는 수당을 지급하고 지속적으로 관리해 나간다.

4. 기존 점포의 활용
지역 내 주방 기구 판매점, 위생 기기 취급점, 약국, 의료 기기 판매점, 가전 제품 판매점, 펌프 대리점 등의 업주 및 종사원을 섭외하여 그 점포의 단골 및 고객들에게 판매하도록 유도한다. 판매시 수당을 지급하는 방법으로 관리를 하면 효과적으로 판매할 수 있다.

5. 모임을 활용한 판매
계 모임, 아파트 운영 회의, 동창회, 민방위 훈련장 등 다수의 인원이 정기적으로 만나는 모임들의 개최 시간을 알아내어 1개조 두 명 정도로 팀을 구성, 현지에서 제품을 설명하고 주문을 받는다.

6. 판촉물의 활용
아파트나 연립주택, 다세대 주택, 상가 등을 시공 분양하고 있는 건설회사나 주택업자들은 현재 분양이 어려워 과다 경쟁을 보이는 등 상당한 애로를 겪고 있다. 따라서 이들 분양 업체를 섭외하여 판촉물로 채택하게 하면 대량 판매가 가능하다.

7. 납품의 추진
공장이나 호텔, 병원, 대형 건물 등에 설치하도록 납품을 추진하는 것도 **훌륭한 방법**이다.

8. 연고 판매
친구, 친척, 동창 등 연고자에게 일차적으로 권유 판매하고, 이들을 통해 재연고를 발굴하고 또한 판매원으로 유도해 판매 시 수당을 지급한다.

9. 방문 판매
병원 의사, 학교 선생님, 상가의 점포 주인, 사무실의 임직원, 각 기업의 노조 사무실, 빌딩 관리실, 가정 등을 직접 방문하여 개개인에게 정수기의 필요성을 설명하고 판매한다.

10. 연결 판매
식당이나 다방, 유흥 업소 등을 찾아가 주인을 설득하여 1차 판매하고 푯말을 부착한 다음 전시 효과 및 연결 판매를 유도한다.

11. 기타
위에 제시한 판매 방법 이외에도 실전 판매에 임하다 보면 판매 아이디어가 떠오르게 되므로 즉시 메모하여 응용의 묘를 발휘하는 것이 좋다.

판매시 강조해야 할 사항

1. 정수기의 필요성을 강조한다.
2. 피해 의식을 고취시킨다.
3. 불완전한 식수의 사용으로 인한 질병의 유발 가능성을 설명한다.
4. 지속적인 필터의 공급을 약속한다.
5. 타사에 비해 필터가 우수함을 강조한다.
6. 국내 수질에 적합한 제품임을 강조한다.
7. 중간 마진을 없애 타사 제품에 비해 정수기 가격이 저렴함을 강조한다.

제품 설명 (생략)

학습 사항

1. 물의 중요성 (생략)
2. 물의 오염 실태 (생략)
3. 수돗물의 문제점 (생략)
4. 정수기 업계의 실태 (생략)
5. 우리 회사 정수기의 장점
① 가격이 저렴하다.
② 필터를 국내에서 생산 공급하므로 가장 저렴한 가격으로 공급할 수 있다.
③ 카트리지식으로 설계되어 수명이 반영구적이다.
④ 투명 커버이므로 정수 상태를 직접 눈으로 확인할 수 있다.
⑤ 물 속에 녹아 있는 세균, 중성 세재, 농약, 발암 물질, 냄새 등 을 완벽하게
   제거하며, 용존 산소, 칼슘, 마그네슘 등 천연 미네랄 성분은 그대로 보존한다.
⑥ 철저한 A/S를 보장하며 특히 필터의 교환 시기를 고객에게 적시에 알려 늘 맑은
   물을 공급하는 데 전심전력한다.

상품 지식 못지않게
교양을 넓히는 것도 중요

상품 지식이라는 말이 나온 김에 한마디 더 덧붙인다면 5~6인 회사의 사원들은 고객들에게 언제라도 풍부한 화제거리를 제공할 수 있을 정도로 다방면에 걸쳐 교양을 쌓을 필요가 있다.

마케팅 현장에서 만난 고객에게 다짜고짜 상품 지식을 늘어놓으며 이렇게 우리 회사 상품이 우수하니 구입하십시오라는 식의 접근을 한다면 그 상품을 구입할 고객은 모르긴 해도 한 사람도 없을 것이다.

야구를 좋아하는 고객을 만나면 그 고객과 자연스럽게 야구에 관한 이야기도 하고, 관광을 좋아하면 관광 얘기를, 문학을 좋아하는 고객과는 문학 얘기도 자연스럽게 나누면서 우선은 그 고객의 마음을 편안하게 만들어 주어야 한다. 그런 다음 아주 자연스럽게 상담에 임한다면 의외로 거래가 쉽게 맺어질 수 있다. 사실 공식적인 상거래는 5분이면 다 마칠 수 있다.

실제로 무역 계통에 있는 외국 바이어들 중에는 거의 프로의 경지에 올라 있는 사진광이나 민속 연구가들이 의외로 많다. 그들과 술자리를 함께하며 이야기를 나눠 보면 세계 각국을 돌아다니며 친구도 사귀고 또 자신이 좋아하는 사진 촬영이나 민속에 관한 자료를 보다 널리 수집할 수 있는 현재의 직업을 택했다고 자랑스럽게 밝히기도 한다.

그렇다고 해서 그들이 본업인 구매 업무나 판매 업무를 게을리하느냐 하면 결코 그렇지 않다. 본업에 관한 한 능구렁이 아홉 마리도 모자랄 정도로 진짜 프로다.

사원들 스스로도 자신의 발전을 위해 풍부한 교양을 쌓아야겠지만 회사 차원에서도 매출을 증가시킬 욕심이라면 어렵더라도 사원들을 위한 교양 프로그램을 마련하는 것이 바람직하다.

여사원 교육은 철저히 시키자

「여보세요. 저는 진흥사의 김필구 부장입니다만, 혹시 사장님 계십니까? 계시면 부탁드리겠습니다.」

「지금 안 계십니다. 외근 중이십니다. 오후 3시쯤 돌아오신다고 하셨으니까 그때 다시 전화주시면 고맙겠습니다.」

이것은 ×다.

「미안합니다만 지금 거래처에 출타 중이십니다. 죄송합니다만 존함과 전화번호를 알려주시면 돌아오는 대로 말씀드리겠습니다.」

이건 그런대로 △다.

「미안합니다만 지금 외출 중이십니다. (잠시 상대방의 반응을 경청하고) 아, 그러십니까? 존함과 전화번호를 알려주시면 돌아오시는 대로 말씀드리겠습니다. (또 잠시 상대방의 반응을 기다리고) 저……, 혹시 메모하실 사항은 없으십니까?…. 감사합니다.」

이것이 기본이다.

이런 경우도 있다.

강남에 있는 유통 전문 회사 경리 담당 여사원에게 납품 대금을 받으러 갔을 때의 일이다. 남자 사원들은 전부 외출을 했는지 여사원 혼자만 자리를 지키고 있었다.

「저는 월드통상에서 온 이아무개라고 합니다. 준비되셨습니까? 오전에 사장님과의 통화에서는 준비되었다고 찾아가라고 하셨습니다만…….」

친구와 무슨 긴밀한 통화라도 하고 있었는지 그 여사원은 후다닥 전화를 끊고

「아 그러세요.」

하며 자신의 책상 서랍과 책상 위에 꽂혀 있는 책들을 여기저기 뒤졌다. 그러고는 겨우 어떤 책의 갈피에서 찾아내어

「여기 있습니다.」

하면서 비죽이 두 손을 내밀었다. 이건 ×다.

그래도 위의 경우는 약과다.

역시 강남의 어느 대형 서점 경리 담당 여사원의 모습은 진짜로 욕이 절로 나올 정도다. 출판사 영업 담당 사원들이 쭉 늘어서서 차례를 기다리고 있는데도 만성이 되어서 그런지 인사 한마디 없이 껌을 씹어 가며 출납 업무를 본다.

왜 이것밖에 안 나왔느냐고 불평하는 사람들이 있으면

「난 몰라욧. 부장님한테나 가서 물어보세욧.」

하며 쏘아붙이기 일쑤다. 상대방의 나이가 많건 적건 아랑곳하지 않는다.

게다가 대금이 얼마 나왔느냐는 문의 전화라도 오면 신경질을 팍 내며 수화기를 쾅 하고 내려놓는다.

「바빠 죽겠는데 왜 직접 오지 않고 전화했느냐」는 투다.

이런 모습을 보면 저 여사원은 아마 회사보다도 집안 교육이 잘못 되었지 하는 생각이 든다.

용산에 있는 한 공구 상가에서 공구를 구입할 때의 일이다. 매장에 있던 여자 점원에게 구입한 공구의 사용법을 가르쳐

달라고 부탁했다. 그러자 그 여사원의 대답인 즉

「오늘은 담당자가 월차이기 때문에 저는 잘 모릅니다. 내일 그분이 출근하니 죄송합니다만 내일 다시 방문해 주시거나 전화로 문의해 주시면 고맙겠습니다.」

이 여자 점원의 대답은 상당히 예의바르고 깍듯하다. 그렇지만 회사 직원으로서의 자격은 없다.

사장님도 안 계시고 남자 사원도 없으면 장사가 사실상 불가능하다는 말인가? 여사원도 엄연한 직원이고 마케팅을 위해서 점포에 나와 있었던 것이 아닌가? 여사원이라고 해서 자기 회사 취급 상품에 대한 지식을 몰라도 된다는 법은 어디에도 없다.

자기 회사의 아이템에 관한 한 여사원, 남자 사원 할 것 없이 모두가 전문가가 되어야 한다.

여자 사원의 전화 응대에서부터 마케팅은 시작된다. 고객이 전화로 취급하고 있는 업무나 아이템에 대해서 문의하면 정확하게 설명할 수 있어야 한다. 또 여자 사원을 타사에 업무 차 보내더라도 회사를 대표해서 정확하게 업무를 볼 줄 알아야 한다.

5~6인 회사의 여사원은 잔심부름하고 타자나 치고 경리 장부 끄적거리고 은행에 왔다갔다 하는 사람으로 그쳐서는 곤란하다.

밖에 나가 적극적인 마케팅 활동은 하지 않는다고 하더라도 최소한의 마케팅만큼은 능수능란하게 할 수 있어야 한다. 하나나 둘 있는 여사원이 당찬 사람이라면 아무도 5~6인 회사를 결코 얕잡아 보지 못할 것이다.

제9장

다가오는 위기 이렇게 극복하라

어차피 우여곡절인 것이
기업 경영이다

「기어가는 아픔과 뛰어가는 환희」

「내가 너를 믿는 이상 너도 나를 믿어라」

이는 주식회사 지주(蜘蛛)의 이국노 사장이 공장 구석 구석에 붙인 회사의 경영 철학이다.

많고 많은 회사 이름 중에 특이하게 거미라는 뜻의 「지주」라고 지은 것은 그만큼 회사 발전을 위해 자기 희생적이고 부지런하자라는 뜻에서란다.

회사명이 그래서 그런지 이 회사는 전사원이 일치 단결하여 꾸준한 성장을 거듭하고 있다. 창업 17년만에 본사를 서울 서대문구 홍제동에 두고, 제1공장을 경기도 김포군 풍무리에, 제2공장을 충북 음성군 대소공단에 두고 있을 정도로 사세를 확장, 중견 기업으로 발돋움하고 있다.

또한 최근에는 중국 길림성 연길시에 플라스틱 파이프 합작 공장을 건설하기로 최종 계약을 체결, 동종 업계에서는 보기 드물게 해외 진출을 추진하고 있기도 하다.

그러나 이렇게 성장하기까지 순탄한 길만을 걸어온 것은 결코 아니다. 이 사장이 사업에 뛰어든 것은 지금으로부터 30여 년 전인 73년, 28세 때의 일이다.

충북 진천 백곡리에서 태어난 그는 72년 한양대 재료공학과를 졸업하고 호구지책으로 직장을 찾아나섰지만, 취업이 쉽지 않았다. 그 당시의 재료공학 전공자에게는 취직 시험을 볼 수 있는 기회마저 없었다.

직업을 갖기 위한 수단으로 자동차 2급 정비사 자격증을 땄지만 이것도 허사였다. 그러다가 친구의 도움으로 조그마한 회사에 입사했다. 담당 업무는 외판원에 대한 교육을 맡아하는 것이었지만, 말이 교육이지 염소 통조림과 생사즙을 팔도록 하는 일이었단다.

즉 외판원에게 3개월 후에는 판매 성적에 따라 정식 사원으로 채용한다는 입에 발린 거짓말(?)을 해야 했다. 정말 할 일이 못 됐다.

그곳을 6개월 만에 뛰쳐나온 그는 영세 규모의 사출공장에 말단 공원으로 들어갔다. 이것이 플라스틱과 처음으로 인연을 맺게 된 계기였다.

인생의 밑바닥에서부터 출발해 보자는 뜻에서 학력도 속이고 열심히 일했는데, 불행히도 그 공장을 다닌 지 3개월 만에 회사가 부도로 문을 닫게 됐다. 어이없는 일이었다.

그러던 차에 그를 눈여겨본 어느 선배의 제의로 동업, 말로만 듣던 사업을 하게 되었다. 경영을 맡게 된 그는 플라스틱을 소재로 한 새 상품을 개발하기 위해 밤을 새고, 낮에는 청계천을 이 잡듯이 뒤져 제품 아이디어를 찾기도 했다. 심지어 몇 날 밤을 여관에서 지새기도 했다.

그렇지만 사업에 순탄함이 있을 수 없듯 결코 쉽지만은 않았다. 충분하지 못한 자금력, 업체들간의 과다 경쟁으로 인한 덤핑 공세, 동업하던 선배와의 갈등 등 어느 것 하나 제대로 마음과 같지 않았다.

이렇게 지지부진할 바에는 차라리 독립하여 망해도 혼자 망하고 흥해도 혼자 하는 것이 낫겠다 싶었다.

몇 달을 고민하던 이 사장은 단안을 내렸다. 회사 이름도 지금의 상호인 「지주」로 지었다. 새끼를 위해 자기 몸을 제물로 바치는 자기 희생적이고 봉사 정신이 투철하고 더구나 다른 곤충들이 잠자는 시간에 집을 만들 정도로 부지런한 거미를 본받자는 생각에서였다.

그러나 막상 상호까지 멋들어지게(?) 지어 놓았지만 사업을 하는 데 필요한 자금이 너무도 없었다. 할 수 없이 셋방살이를 전전하고 있는 둘째 형을 찾아가 빼앗다시피 20만 원을 얻어냈다. 여기다 그 동안 푼푼이 모은 돈 3만 원을 더해 사업 자금이라는 것을 만들었다.

이 돈을 가지고 금형(金型) 공장의 문을 두드렸다. 그리고 무조건 도와 달라고 하소연하여 임대로 공장을 얻었고, 원료도 그동안 안면을 익힌 거래처에 통사정하여 외상으로 가져왔다. 이런 우여곡절 끝에 드디어 PVC제품을 생산하기 시작했다.

전국에서 주문이 쇄도하고 심지어 선수금까지 보내 온 곳도 여럿 있었다. 이 사장은 어렵게 번 이 돈을 전액 신제품 개발에 투자했다. 오직 신제품 개발만이 살길이라는 신념 때문이었다. 이런 신념이 하나씩 결실을 맺어 79년 플라스틱으로 만든 통풍기는 제품의 우수성을 인정받았고 특허를 따내기도 했다.

고생 끝에 낙이 온다고 약간의 자금이 돌기 시작했다. 직원들도 하나 둘씩 늘어갔다.

　그러나 호사다마라고 이런 기쁨도 잠깐, 부인의 부동산 투자가 잘못되어 다시 맨손으로 돌아가게 되었다.

　「하루는 집에 갔는데 집사람은 간 데 없고 아이들만 울고 있었어요. 눈물을 흘리며 울고 있던 큰딸이 엄마가 도망갔다고 하더군요. 정말 마른 하늘에 날벼락 맞은 기분이었습니다.」

　이 사장은 어렵게 모은 전재산을 내놓는다는 조건으로 채권자들과 합의해 사건을 해결했다. 다시 빈털터리가 된 것이다.

　엎친 데 덮친 격으로 이러한 소문은 삽시간에 퍼져 나가 회사 임직원들 모두가 동요하기 시작했고 상당수가 회사를 떠나갔다. 몇몇 직원은 회사의 비밀과 기술을 빼내 가기까지 했다. 정말 고통스러운 순간이었다. 남은 몇 사람과 재기를 위해 발버둥쳤지만 허세였을 뿐이었다. 시간이 흐를수록 모든 것을 포기해야만 한다는 절박감이 엄습해 왔다.

　급박하면 지푸라기라도 잡는다지만 그에게는 그 당시 잡을 만한 지푸라기조차도 없었다고 한다.

　그래도 신세진 사람에게 얼마간이라도 성의를 표할 심정으로 공장 주인을 찾아가 사건이 터진 동안에 밀린 공장 월세와 전기료로 기계 전부를 드리면 어떻겠느냐고 사정을 했다.

　「그런데 제 초라한 모습을 보시던 주인께서, 지금의 최상우 회장, 말없이 수표 뭉치를 내놓으시면서 얼마든지 돈을 쓰고 재기해 보라고 충고해 주시더군요. 눈물이 핑 돕디다.」

　그는 이에 힘입어 몇 명 남지 않은 직원들과 재기의 불을 당길 수 있었다고 한다. 지금도 그때의 은혜를 못 잊어 자신의 사무실에 최 회장의 명패가 달린 집기를 놔두고 있다.

　재출범하는 회사의 캐치프레이즈를 「지옥 끝까지, 머리카락 한 올까지」라고 내걸고 혼신의 힘을 쏟아 사업에 열중했다.

결국 이 사장은 재기에 성공, 3년만에 그 많던 부채를 모두 갚았다.

언젠가 경영 비결이 무엇이냐는 후배의 질문에 첫째 실력으로, 둘째 힘으로, 셋째 그래도 안 될 때는 두 무릎을 꿇고 「형님」한다라고 대답한 적이 있다.

그 말대로 이 사장은 재기를 위해 「실력」과 「힘」과 「두 무릎」모두를 동원, 물불을 가리지 않고 뛰었다.

그는 회사가 안정되자 기술 개발을 위한 투자를 조금도 아끼지 않았다. 중소 기업체로서는 보기 드물게 연구실과 실험실을 갖추고 신제품 개발에 진력했다. 그 결과 지난 87년에는 공업 진흥청 형식 승인 제 1호의 CD 파형관과 이음관을 개발, 건설 시장에서 큰 호응을 얻을 수 있었다.

그 후 자체 개발한 「지주 이글루 파이프」도 보온, 보냉, 내구성 등이 뛰어나 댐 건설에 사용되는 등 제품의 우수성을 과시하고 있다. 그의 지론은 설사 납품 기일이 조금 늦어져 약간의 손해를 입을지라도 함량을 속이는 엉터리 제품을 만들 수는 없다는 것이다.

또한 그의 인사 정책은 현장을 중시, 모든 신입 사원은 학력, 경력에 상관없이 1년간 공장에서 생활해야 보직 발령을 내린다. 그는 5년 전 자신의 생일에 직원들이 선물한 구두를 아직도 신은 채 현장을 누비고 있다.

위 지주의 예처럼 우여곡절의 연속이 기업 경영이긴 하다. 또 그런 우여곡절을 거쳐야만 회사가 비로소 탄탄해 지는 것도 사실이다. 그렇지만..........

기업하다 망하면
지나가는 개도 외면한다

미국의 수많은 경영대학원들 중에서 가장 으뜸인 하버드 경영대학원에서는, 인생이란 시간과 현금 기능이라고 가르친다. 또 어떤 저명한 목사는 인생은 행복을 추구해 가는 60여 년의 세월 속에서 끊임없이 선택을 내려야 하는 과정이라고 설교하기도 한다.

하늘의 축복 속에 이 세상에 태어난 이상 행복을 추구하고 풍요를 누릴 권리는 누구에게나 있다. 자신의 선택과 노력 여하에 따라 인생의 영광과 기쁨을 만끽할 수도 있고, 이와는 반대로 노력의 부족과 선택의 잘못으로 무서운 고통의 세월을 보낼 수도 있는 것이 인생이다.

기업을 하는 사람들에게 있어서 행복과 불행의 차이는 너무나도 현저하다. 그들에게는 성공과 도산, 환희와 조락, 채권과 악질 채무, 아첨과 비난, 전진과 정체 등이 늘 교차되는 각박한 생활이 연속된다.

한번 선택이나 방향을 잘못 잡으면 그것은 산지옥이 된다.

물질과 정신 양면으로 조여 오는 고통은 무섭다 못해 처참하기까지 하다. 기업 경영은 항상 생사의 갈림길에 서 있다고 보아도 무방할 정도다. 그러므로 어떻게 해서라도 기업은 성공해야만 한다. 경쟁에서 앞서야만 하는 것이다.

일본에서는 월 평균 1천5백 여 개사, 미국에서는 월 평균 2만 여 개사가 파산하거나 흡수 통합되거나 주인이 바뀐다.

그러나 이들 나라에서는 회사 정리법과 파산법의 여러 규정들에 의해 사장의 유한 책임을 인정하므로 잘만 하면 재기할 수도 있다.

그러나 우리 나라는 그렇지 못하다. 은행과 같은 기관 채권자의 집요한 채권 추적은 명탐정 셜록 홈즈는 저리 가라다.

어디를 가나, 언제까지나 추적의 발걸음을 늦추는 법이 없다. 사장 개인 재산에 대한 압류는 물론이고 경우에 따라서는 형사 소추까지 당하며, 출국금지 조치니, 은행 거래 5년 정지니 하는 다각적이고도 지독스러운 올가미를 씌운다.

기업하다 실패하면 사회적 차원의 온갖 불이익과 망신은 물론이고 가족과 친지들의 눈초리와 태도도 달라진다. 어제의 존경하던 눈초리가 오늘은 무슨 천덕꾸러기라도 대하는 양 이상하게 돌변해 버린다.

게다가 평소 친하게 지내던 친구들의 태도도 돌변한다. 과거에는 반갑게 맞아 주던 전화도 자리에 없다고 따돌리거나 받더라도 시큰둥하다.

회사 직원들도 자기 회사가 비운을 맞이하기 전에 하나 둘씩 떠나고, 간이라도 빼줄듯이 교태를 부리던 술집마담까지도 딴 놈한테로 돌아서 버린다. 이게 현실이다.

누구를 탓할 것도 없다.

오늘도 사회의 변두리와 그늘에서 사회의 본류를 타지 못한 채 암담하고 싸늘한 나날을 보내고 있는 전 직장인, 전 사업가, 전 권세가, 전 점포 주인 등 밀려난 사람들이 너무나 많다. 이들 중에는 용기를 가지고 육체 노동도 마다하지 않으며 사는 사람들도 있으나, 대부분의 전(前) 기업가들은 말할 수 없는 고초를 겪고 있다.

국가 시책이나 우루과이라운드 등 불리하게 돌아선 사업 환경에 그 원인의 일단이 있다지만, 결정적 원인의 대부분은 본인들 스스로의 잘못된 선택과 노력의 부족, 절약 정신의 결여에 있다.

어떤 경우에도 기업에 실패해서는 안 된다. 이를 악물고 싸워서 이겨야만 한다. 특히 권력이나 돈 많은 기득권층의 이렇다 할 도움 없이 대여섯 명 규모의 작은 기업을 운영하고 있는 분들이나 계획 중인 분들은 더욱더 그렇다.

인생은 사업이고, 사업도 곧 인생이다. 사업에 실패하면 인생에도 실패하게 된다. 사업에 실패하면 위에서처럼 개인적으로도 비참하지만 사회적으로도 그만큼 손실이다.

사소한 곳에서부터
위기의 씨앗은 자라기 시작한다

대산연구소에서 필자가 만나는 기업가들은 하루에도 대여섯 명이 넘는다. 현역에서 열심히 뛰고 있는 사장, 지금은 은퇴하여 여생을 즐기고 있는 전 사장, 회사를 설립하고자 관련 자료를 구하러 오는 예비 사장들, 그리고 한번 실패한 뒤 재기를 꿈꾸는 사장 등 각양 각색이다.

그 중에서도 은퇴한 전 사장들과 재기를 위해 애쓰고 있는 사람들에게는 추억담과 에피소드가 많다. 그들의 이야기들 중에는 5~6인 회사나 점포의 경영자들이 사업체를 경영하는 데 있어, 더 나아가서 인생을 살아가는 데 있어 참고로 하거나 배우고 깨달아야 할 내용들이 많다.

공장 하나도 변변히 없었으면서 담당 공무원을 구워 삶아 T.O 하나밖에 없는 공장 등록증을 자기 것으로 만들어 어엿하게 대기업체에 납품까지 하게 된 봉이 김선달같은 얘기에서부터 부도를 내고 도망다니다가 평소 친하게 지냈던 요정마담의 도움으로 어엿하게 재기에 성공하여 신세진 돈을 몇 배로 갚아 준 일화,

경쟁 업체의 투서로 세무 사찰에 걸려 도산한 이야기, 무역 거래법 위반으로 검찰 호출장이 날라와 벌벌 떨면서 출두했는데 담당 검사가 자신의 형님도 무역 업체를 하다가 전과자가

되었다면서 벌금도 낮춰 주고 어려움 있으면 찾아오라는 인사까지 하며 고맙게 대해 준 이야기 등……

하나같이 눈물 없이는 못 듣고 배꼽이 빠질 듯한 우습고 재미난 이야기들이다.

그렇지만 지금 우리의 관심은 어떻게 하다가 잘 나가던 기업이 파산하게 되었는지 그 원인을 분석하는 데 있다. 그리고 실패한 기업인들이 어떤 요령으로 재기할 수 있었는지 그 비법을 알아보는 데 있다.

여기서 감히 단언하건데, 기업 실패는 결코 어느 날 갑자기 찾아오는 밤손님처럼 슬그머니 오는 것이 아니다. 그렇다고 허리케인 같은 무시무시한 태풍이나 대형 지진처럼 전혀 손쓸 여지가 없는 형태로 다가오는 것도 아니다.

경우에 따라 조금씩 다르겠지만, 그 원인들을 하나하나 분석해 보면 극히 사소한 데서부터 시작되고, 또 조금만 주의하면 능히 사전에 방지할 수 있는 것들이 대부분이다.

아래서 그 동안 대산연구소가 상담한 수많은 기업인들 중 주로 실패하여 재기하려고 몸부림치고 있는 사람들이 스스로 진단한 도산 원인들을 중심으로 5~6인 회사의 위기 및 그 극복문제에 접근해 보자.

보증을 함부로,
아니 절대로 서지 말라

5~6인 회사처럼 재무 구조가 허약한 기업이 아니더라도 자금 운용에 있어 극히 주의해야 할 사항이 몇 가지 있다. 그 중에서도 보증을 함부로 섰다간 영영 헤어나지 못할 수렁으로 빠져 들고 만다.

보증 한번 잘못 서면 3대가 망한다는 이야기도 있듯이, 일반인도 그렇지만 기업가는 진짜로 보증 한번 잘못 서면 패가망신하게 된다. 보증 선 자신의 집과 같은 재산만 날리는 것이 아니다. 보증 선 기간 동안 불안해서 자기 명의로 된 정기 예금 통장 하나를 제대로 갖지 못하는 지경에 이른다.

기업을 하다 보면 거래처나 친구가 경영하는 업체와 편리를 도모한다고, 아니면 불가피하게 상호보증 형식으로 보증을 서는 경우가 많다.

액수가 적고, 보증 책임의 범위가 한정되어 있는 경우라면 그런대로 큰 타격을 받지는 않지만, 은행이나 보험 아니면 신용금고 등에서 시설 자금과 같이 상당한 액수를 빌리는 데 보증을 섰다가는 큰일난다.

아무리 보증을 부탁하는 사람이 탄탄한 물적 담보를 제공했고 자신은 인보증만 섰다고 해도, 그 대출금을 원채무자가 갚지 못해 경매에 들어가면 보증 선 사람의 재산까지 날아가 버리는 경우가 적지 않다.

이렇게 되면 거래 끊어지는 것은 물론이요 친구까지 잃게 된다.

아주 불가피한 경우라면 한도를 정해서 보증을 서주는 것이 낫고, 그 한도도 대출처에 가서 대출처와 직접 확인 계약하는 것이 더 좋고, 또 그 한도만큼은 날려 버려도 무방하다고 생각 될 때 보증을 서는 것이 좋다.

다시 한번 부탁하지만 절대 보증에 「보」 자와는 친하지 않 는 것이 좋다. 설사 보증 안 서줘서 거래처가 끊겨 나가는 한 이 있더라도 보증은 멀리하는 게 낫다. 보증 안 서준다고 의리 없다느니 어쩌느니 하면서 욕하는 친구가 있거든 그 친구도 멀리하는 게 오히려 더 낫다.

보증 안 서주면 그때만 서먹서먹해지고 말지만, 보증 서주다 가 사고 나면 더군다나 그 친구가 그 일 때문에 외국으로 도 망이라도 간다면 그 친구와는 철천지 원수지간이 된다.

보증 잘못 서서 패가망신하고 쓰디쓴 소주잔 기울여 봐야 알아주고 도와주는 사람 하나도 없다. 그냥 안됐다고 동정 어 린 말 동냥만 한두 번 할 뿐이다.

따라서 특히 스스로에 대해,

「나는 마음이 너무 좋아 탈이다....」

이렇게 느끼는 기업가나 점포 사장님이 있다면 손바닥에 써 가지고 다니는 한이 있더라도 절대 보증을 서지 말아야 한다.

무리한 사업 확장은
제 무덤을 파게 된다

27세의 나이로 광고물 제작 회사를 차려, 한때는 실내 인테리어 업체와 디자인 학원 그리고 소프트웨어 개발 회사까지, 소위 이야기하는 계열사(?)로 만드는 등 호기에 넘쳐 사업을 확장하다가 패가망신한 장본인이 바로 서대연 사장이다.

서대연 사장이 처음 차린 사업체는 광고물 제작 회사. 사업 초기에는 누구나 그렇듯이 고생도 많았지만 차차 지명도가 높아지면서 대형 유통 회사나 상장 회사와 거래를 맺어 현금 여유도 제법 되었다.

비록 사원이 다섯 명밖에 안 되지만 사장인 서대연 씨 자신이 열심히 뛰고, 디자인은 컴퓨터를 이용하여 자체에서 소화하고, 인쇄 제작은 외주를 주어 납기일을 하루도 어기지 않고 납품해 주니,거래처 사람들이 믿고 계속적으로 일감을 맡겨왔다.

이에 그는 광고물 제작 관계로 알게 된 기존의 거래처를 이용, 인테리어 사업을 시작했다. 디자인은 기존 광고물 제작에서 축적한 기술에다 컴퓨터 그래픽을 이용, 기본 모형을 마련한 뒤 각 업주의 마음에 쏙 드는 모형을 즉각즉각 제시하는 기동성을 발휘했고, 전기 배선 및 조명, 칸막이, 도장 등 나머지 공사 부분은 전문 업체에 외주를 주었다. 맡은 일감을 깔끔하게 처리하고, 하자 보수도 완벽하게 처리해 주었기 때문에 거래처 사람들의 높은 호응을 얻을 수 있었다.

그렇지만 착실하던 서 사장의 눈에 차츰 허깨비가 끼기 시작한 것도 광고물 제작 및 실내 인테리어 사업이 잘되 현금이 풍족하게 돌아가기 시작한 그 즈음부터였다. 일반 영업은 따로 영업사원을 채용해서 맡기고, 자신은 규모가 큰 영업을 합네 하면서 골프에도 손을 대고 굵은 손님을 핑계로 요정에도 심심치 않게 드나들었다.

한마디로 업무와 놀이를 반반씩 한 셈이었다.

서 사장은 골프장을 왔다갔다 하고 요정을 드나들면서 제법 통이 크고 진짜 사업가라고 자처하는 사람들과 어울리게 되었다. 그들이 내뱉는 화려한 사업 이야기를 가만히 듣고 있노라면 자신이 마치 소꿉장난이나 하고 있는 것이 아닌가 하는 초라함을 떨쳐 버릴 수가 없었다.

어떤 때는 그 양반들로부터

「어이, 서 사장. 사업이라는 것은 말이야, 그렇게 하는 것이 아니야. 먼 장래를 보고 빚을 내서라도 사업을 확장해야지. 자네는 그만한 배포도 있고, 사업 감각도 뛰어나고, 게다가 아직 한창 때가 아닌가? 사업을 한번 크게 벌려 보게.....」

진짜 사업 후배를 아껴 주는 듯한 소리를 듣기도 했다.

가는 세월 막지 못하고, 피어 오르기 시작하는 꽃봉오리 그 누구도 막지 못한다고, 잔뜩 배짱과 허풍이 뱃속에 스며들기 시작한 서 사장은 사업은 진짜 이런 것이 아니다 싶어 디자인 학원과 컴퓨터 소프트웨어 개발 회사를 한꺼번에 차렸다.

디자인 학원은 현금 장사인데다가 늘상 접해 왔던 분야였는지라 별 어려움 없이 운영해 나갈 수 있으리라는 자기 나름대로의 치밀한 계산 하에 시작했다.

그리고 컴퓨터 소프트웨어 개발 회사는 비록 처음 접하는 분야이기는 했지만 별것도 아닌 것 같은데 수백만 원에서 수천만 원대까지 호가하는 것을 실수요자의 입장에서 목격하고, 이 분야야말로 고부가가치 사업이 되겠구나 하는 욕심이 앞서 과감하게 사업을 벌인 것이다.

우선, 기존 사무실을 폐쇄하고 대형 건물의 두 개층을 몽땅 세내었다. 화려하고 세련되게 인테리어한 그 공간의 대부분을 학원 사업에 배정하고, 나머지를 광고물 제작과 소프트웨어 사업에 할애했다. 디자인 학원 강사들과 소프트웨어 개발 전문가들을 고액의 급료를 약속하고 타 업체에서 스카우트하는 저돌성(?)도 발휘했다.

개업식도 성대하게 치뤘고, 디자인 학원의 수강생 모집 광고도 대대적으로 전개했다. 건물 얻고, 고급스럽게 인테리어하고, 직원들 스카우트하고, 개업식하고, 대대적으로 광고하는 데 들어간 막대한 자금에 대한 걱정은 후 순위였고……

이 정도면 나도 어엿한 사업가의 반열에 올라갈 수 있겠구나 하는 뿌듯한 자부심이 앞섰다. 그 동안 지출하고 빚 얻어온 돈들은 백화점 같은 대형 공사 하나만 따면 하루아침에 해결할 수 있다는 자신감도 있었다.

그렇지만 막상 사업을 두 개나 더 추가하고 보니 건물 임대료, 인건비 등 고정비 부담도 부담이려니와 갑자기 늘어난 직원들 회식비다 교재 구입비다 하는 자잘한 경비의 지출이 더더욱 부담이 되었다. 이에 따라 빚도 차차 늘어나기 시작했고, 어느 순간에 이르러서는 눈덩이처럼 불어났다. 걱정이 되기 시작했다.

그러던 차에 고등학교 동창생인 박 모가 찾아왔다.

그 동창은 미국의 한 외식 사업 회사가 이번에 우리 나라에서 피자 외식 사업을 대대적으로 펼치기 위해 그 준비 사무실을 서울에 개설했는데, 자신은 그 준비 사무실에 근무하고 있다고 말했다. 그러면서 서 사장인 네가 마침 광고물도 하고 인테리어도 하고 있으니 그 회사의 각 가맹점의 인테리어 및 각종 광고물을 하청받으면 어떻겠느냐는 것이었다.

급한 놈 지푸라기라도 잡는다고 그 준비 사무실에 근무한다는 박모라는 고등학교 동창생의 이야기만 믿고 서대연 사장은, 아니 어엿한 회장(?)인 서대연 씨는 그 일감을 맡아볼 욕심으로 가뜩이나 쪼들리는 살림에 그 회사의 외국인 기술자에게 기생 파티에 오입질까지 시켜 주는 등 로비 활동에 최선을 다했다.

그렇지만 막상 계약 단계에 들어가 그 프로젝트의 진행 순서를 살펴보니, 우선 아이디어와 설계를 시공 회사에서 제공하고, 그것도 2년 후에나 공사에 들어가, 대금 결제도 공사를 마친 후 6개월 후에나 지불되는 조건이었다.

망연자실할 수밖에 없었다.

한때 계열사를 네 개나 거느리고 교제를 한다는 명목으로 사흘이 멀다 하고 골프다 룸싸롱이다 하던 서대연 사장은 그 후 얼마 되지 않아 사업에서 손을 들 수밖에 없었다.

비싼 건물 임대료와 인건비 그리고 과다한 교제비의 지출을 도저히 감당할 수 없었던 것이다.

뿐만 아니라 봉급이 한두 달 밀리고, 이렇다 할 승급 체제도 갖추지 못한 직장이라는 인식이 들자 사원들이 하나 둘씩 회사를 떠나기 시작했고, 그에 따라 학원 수강생들도 차차 줄어들기 시작했다.

또 광고물이나 인테리어 일감을 주던 거래처들도 담당자가 바뀌면서 발주량이 차차 줄어들더니 그나마 작은 일감조차도 끊어져 버렸다.

별다른 도리가 있을래야 있을 수가 없었다.

회사를 청산할 때의 처량함이란! 모두 처분해 봐야 자산이라고는 3천만 원 정도가 고작이었고, 그 동안 외부에서 차입한 목돈은 차치하고라도 하청 업체에 주어야 할 돈 5천만 원에 직원들 밀린 인건비 2천만 원, 밀린 술값 4백만 원, 컴퓨터 그래픽 장비 도입에 따른 외상 대금 3천만 원, 차량 월부 잔액 1천만 원 등 배보다 배꼽이 몇 갑절 더 큰 상태였다.

현금이 순조롭게 들어왔을 때, 그것을 잘 관리하여 조그마한 부동산이라도 한두 개 장만해 두었더라면 요긴하게 활용할 수 있었을 텐데 하는 후회가 엄습해 왔다.

잘 모르는 분야이고 게다가 장기간 밑 빠진 독에 물 붓기 식으로 투자해야만 겨우 성과가 나오는 소프트웨어 개발 사업에 욕심만 앞세워 달려든 것이 결정적 실수였고, 디자인 학원의 광고비 지출도 너무 컸다.

게다가 브로커 비슷한 고교 동창생의 말을 너무 쉽게 믿고 벌인 사업을 제대로 추스리지도 못한 어리석었던 지난날들이 주마등처럼 스쳐갈 뿐이었다.

아무리 급해도
융통 어음에는 손대지 말라

잘 나가던 회사가 위기에 몰리면 그것처럼 기업가들을 당황하게 만드는 것이 없다. 당황함이 어느 정도 진정되면 이번에는 얼마나 고생하며 쌓아 올린 회사인데 어떻게 해서든지 회생시키겠다는 결심 반 욕심 반 하는 생각이 서서히 솟구쳐 오르게 된다.

그래서 이곳저곳을 돌아다니며 한푼두푼 빚을 내어 급한 빚을 막아 나가기 시작한다. 하루하루가 모래 씹는 기분이지만 그래도 버틸 때까지 버텨 보기로 결심을 더욱더 굳힌다. 그러면서 역전의 요행수를 은근히 기다리기도 한다.

여기서부터 마(魔)가 끼기 시작한다.

급전 때문에 친구의 친구, 또 친구의 친인척까지 소개받아 이 사람 저 사람 만나다 보면 사업 경험도 많고 금융에도 전문가라고 하는 점잖고 나이도 웬만하고 마음씨 좋아 보이는 신사를 만나게 된다.

그 신사의 사무실을 가보면 호마이카 책상에 값비싼 양탄자가 쫙 깔려 있는 것이 귀족 사업가처럼 보인다. 다급한 사정을 처음부터 끝가지 경청한 그 장년의 신사는 사업의 어려운 점, 자신이 어려웠던 고비를 어떻게 극복했는지 하는 과정 등을 아주 실감나게 이야기해 주며 남의 얘기 같지 않으니 자기가 힘 닿는 데까지 힘껏 도와주고 싶다고 나선다.

그리고 술이나 한잔 하자며 고급 술집에 안내해서 거나하게 한 턱낸다.

술 신세 지고 돌아오는 귀하는 각박한 이 세상에 이렇게 고마운 사람도 다 있구나 하고 코끝까지 찡해 옴을 느낀다.

그 후 몇 번의 접촉을 더 가진 그 점잖은 장년 사업가는 귀하를 「아우님」 하고 다정스럽게 부르며

「어음이 몇 장이나 남았는지……. 내가 잘 아는 형님처럼 모시는 사업가에게 할인해 줄 테니 우선 그것으로 급한 불부터 끄는 게 어떤가? ……」

하고 넌지시 제의해 온다.

워낙 다급한 상황에 몰려 있는 귀하는 신용이 떨어져 거래처에서 받아 주지도 않는 어음을 갖고 있으니 차라리 그렇게 해서 급한 불부터 끄는 게 낫겠다 싶어 그의 제의를 수락한다. 소위 말하는 딱지 어음에 손대기로 결심한 것이다.

그가 소개해 준 기업에, 실제로는 간판만 번지르한 사채 업자 소굴이다.

찾아가 두 눈 딱 감고 고 할인율을 주고 어음을 할인해서 그동안 신세진 그 점잖은 사업가에게 술 한잔 대접하고 나머지는 급한 불 면하는 데 쓰고 본다.

그 점잖은 신사는 사채 업자한테 찾아가 일정 액수의 커미션을 용돈으로 받는다. 그 점잖은 신사는 전문 브로커였던 것이다.

장면이 여기까지 이르면 귀하는 이미 패가망신의 지름길에 들어섰다고 봐도 무방하다. 그 다음은 불문가지고 일사천리다. 마약 중독자같이 먼저 할인해 쓴 융통 어음을 막기 위해서라

도 내친 김에 또 다른 융통 어음을 그것도 고액으로 끊어 할 인해 쓰는 걷잡을 수 없는 구렁텅이로 치닫게 된다.

어느 날 건장하고 흉악하게 생긴 어깨들이 귀하의 사무실로 찾아와 더 이상 믿지 못하겠으니 견질용 어음을 끊으라고 윽박지르고 협박한다. 안 끊어 줄 도리가 없다. 그 후 어느 날, 귀하의 집으로 사무실로 사복 형사가 찾아온다.

이렇게 되면 그 동안 성실하기만 했고 고생만 했던 귀하는 마지막 남은 집 한 칸마저 날리게 되고 전과자라는 낙인까지 찍히게 된다.

아무리 급해도 융통(딱지) 어음에는 손대지 말자.

견질 어음이나
추가 담보 요구 역시 거절하라

거래처에 대한 돈 결제는 철저히 지키는 것이 상식이지만, 5 ~6인 회사처럼 늘 돈이 모자라는 사업체의 경우에는 간혹 거래처의 빚 독촉에 몰리게 된다.

그러다 보면 거래처에서 말도 안 되는 견질 어음이나 추가 담보를 요구해 오는 경우가 있다.

몇 날 며칠 계속되는 거래처의 집요한 빚 독촉에 몰리고 몰리다 보면 그 상황을 우선 면하고 보자는 심정에서

「그래 좋다. 당신들 조건 다 들어주겠다.....」 하는 체념 반, 「인간이 어떻게 그럴 수 있나.....」 하는 세상에 대한 회의 반 등 절망적인 심정에서 도저히 감당하기 힘든 약속을 하는 경우가 있다.

이때는 약속을 했다고 하더라도 그 약속을 과감하게 깨는 것이 더 큰 화근을 모면하는 예방책이 된다.

위기가 무섭다고 도망가는 것은 어리석은 일이다

사업의 위기는 사소한 곳에서부터 시작되고, 기업의 도산은 그것이 크건 작건 돈이 없어서 일어나는 것이다. 현금 1백만 원이 없어 돌아오는 어음을 막지 못하고 허둥지둥 대다가 망하게 되는 것이다.

따라서 평소 돈을 아끼고 아껴야만 다가오는 모든 위기를 막아낼 수 있다. 설사 형사 사건화 될 위기가 닥쳐와도 우선은 돈으로 그 위기를 막아낼 수 있고, 당하더라도 그 피해를 최소화시킬 수 있는 것이다.

돈이 없으면 어떻게 하느냐. 적어도 도망가지는 말아야 한다. 도망가서는 무슨 일이고 하나도 해결되지 않는다. 물론 갈대가 강한 바람에 고개를 숙여 꺾임을 방지하듯 때로는 두 무릎을 꿇고 사정해야 할 위기 상황도 있다. 그러나 채권자나 강한 자 앞에서 두 무릎을 꿇는다는 것은 결코 도망가는 것이 아니다. 어디까지나 적극적으로 해결하려는 자세인 것이다.

5~6인 회사의 모든 위기는 정면으로 돌파해야만 한다. 그래야만 피해의 최소화, 해결의 최단기화가 가능하다.

또 재기 문제도 그렇다. 평소 사장이 처신을 어떻게 해왔느냐에 따라 좌우된다. 문제를 수습하고 재기하려고 해도 주위에 도와줄 사람이 없으면 문제의 수습도 어렵거니와 재기는 불가능하게 된다. 재기야말로 따라 주고 도와주는 사람이 최소한 한 사람이라도 있어야만 가능한 것이기 때문이다.

평소 사장 자신의 처신이 진실로 종업원을 아껴 주고 검소하게 생활해 왔고 열심히 노력했다면 적어도 한두 명의 종업원은, 적어도 한 명 정도의 돈 있는 물주는 의리를 지켜주고 도와준다.

강한 무쇠일수록 수 차례에 걸친 담금질과 망치질을 거쳐 탄생되듯이 회사도 부도가 나느니 마니, 공중 분해 되느니 마니 하는, 위기에 위기를 넘겨야만 비로소 웬만한 사업 환경의 변화에도 끄덕없는 탄탄한 회사가 될 수 있다.

이런 면에서 본다면 회사의 위기는 결코 있어서는 안 될 것도 아니고, 또 그것이 닥친다고 하여 미리부터 절망에 사로잡힐 필요도 없는 것이다. 탄탄한 회사는 많은 위기를 극복해 온 회사다.

5~6인 회사, 위기에 강한 체질로 키우자.

제10장

5~6인 회사!
발전의 계기와 방향
바로 이것이다

한두 번의 찬스,
꽉 붙잡아야만 발전할 수 있다

역사의 흐름에 있어서도 전쟁이나 혁명 아니면 획기적인 기계나 원료의 개발과 같은 발전의 계기가 있고, 우리네 일반 가정사에서도 마음에 드는 넓은 집이 나타나 그 집을 사두었더니 나중에 집값이 껑충 뛰어 재산이 불어나듯이,

5~6인 규모의 점포나 회사 역시 한몫 거머쥘 수 있는 기회가 찾아오게 마련이다. 이때는 이것을 절대로 놓치지 말고 무리를 해서라도 꽉 붙잡아야만 소위 말하는 도약(Take Off)이 가능하게 된다.

지금의 대기업, 중견 기업, 대형 점포들 역시 처음에는 빌빌거리다가 한두 번 찾아온 발전의 계기를 놓치지 않고 힘껏 움켜쥐고 자기 것으로 소화해 냈기 때문에 오늘날의 기라성 같은 대기업이 될 수 있었고, 중견 기업으로 클 수 있었고, 대량 점포로 성장할 수 있었다.

물론 개 중에는 특히 대기업의 급성장처럼 정경유착의 고리가 발전의 결정적 계기가 된 경우도 없지는 않지만, 이 역시 어찌 보면 정권의 뒤바뀜에 따른 위험을 각오하고 그 고리를 꽉 움켜쥔 결단 덕분이었다.

그 옛날 정주영 씨는 누구나 고개를 절레절레 흔들던 한 겨

울철 유엔군 참전용사묘역 단장 사업에 뛰어들었고, 그것이 계기가 되어 그 후 수많은 관급 공사를 수주할 수 있게 됨으로써 오늘날의 현대가 이루어졌다.

만년 적자에 시달리던 기아자동차는 채산이 없다고 평가하던 봉고차 사업에 과감히 뛰어든 덕분에 비약적인 발전의 전기를 맞을 수 있었다.

그리고 모 관광회사는 이름도 실적도 없이 빌빌거리다가 어느 특정 종교로 개종하고 나서부터 일약 유명 관광회사로 발돋움했다.

N 뭐라는 작은 컴퓨터 조립 업체는 사운을 걸고, 대대적인 TV, 신문 광고를 하면서부터 대기업을 위협할 정도의 매출 신장을 기록했다.

이들 이외에도 무수히 많은 업체들이 찾아온 기회를 끝까지 물고 늘어져 도약의 발판을 마련했고 오늘날의 어엿한 기업으로 성장했다.

그렇다고 모든 기업들이 이처럼 성공한 것은 아니다.

앞뒤 재고 어쩌고 하는 것이 오히려 방해만 된다는 생각에서 저돌적으로 덤비다가 급락지세(急落之勢) 끝에 망(亡)의 비운을 맞고 만 업체가 성공한 기업들보다 몇 백 배나 더 많은 것이 엄연한 현실이다.

물론 노력하는 자에게만 기회라는 것도 찾아오듯이 끊임없이 연구 개발하고, 마케팅에 나서고, 많은 사람들과 접촉하려고 애쓰는 기업이나 점포에게만 발전의 기회가 찾아온다는 것은 당연한 얘기다.

그리고 성공하고 발전하려면 기회를 놓치지 말아야 하며, 나아가서 그것을 움켜잡아야만 한다는 것 또한 틀림없는 사실이다.
　이런 의미에서 「죽던 살던 일은 저지르고 봐야 한다.」는 사업 선배들의 이야기는 결코 틀린 말이 아니다.

대형 납품건, 발전의 계기지만 이런 점 주의해야

하청형 공장, 오퍼상, 판촉물 대리점 등 주로 납품을 중심으로 운영되는 5~6인 회사를 보면 단골 고객이나 조금씩 납품해 왔던 발주선이 갑자기 사세가 확장되어 평소의 3~4배에 가까운 대형 물량이 터질 때가 있다.

창업해서 보통 4~5년 정도 지나면 대개는 한두 건씩 걸리게 마련인 이런 기회를 굳이 강조하지 않더라도 놓치지 않겠지만, 정말로 놓치지 말아야 한다.

물론 설비를 급속하게 증설해야만 소화해 낼 수 있다든가, 모두 다 맞출 수 있을 것 같은데 시간이 너무 촉박하다든가, 결제 조건이 어음 일변도여서 부도가 나면 어쩌나 하는 위험이 반드시 있게 마련이다.

하지만 계산기를 두드려 봐서 승산이 있다 싶으면 달려들어야 한다.

이에 따른 주의점 몇 가지를 검토해 보자.

우선, 신규 기계의 추가 도입 등 설비 증설을 불가피하게 해야 할 경우에는 타 대형 납품건이 계속 들어올 것이라는 보장이 80%가 넘지 않으면 포기하는 것이 좋다.

대형 납품건 하나만 철썩같이 믿고 설비 투자를 했다가는 빚더미에 올라앉기 십상이기 때문이다. 물론 타 업체에 하청을 줄 수 있는 성질의 납품건이라면 그 방법을 먼저 검토하는 것이 기본이다.

다음, 결제 방식이 대부분 어음으로 처리되는 대형 납품건이라면 일단 의심하는 것이 순서다. 특히 그 발주 업계가 전반적으로 불황을 겪고 있는데도 불구하고 그런 건이 들어왔다면 부도의 가능성이 그만큼 크다고 보아도 무방하다.

또 그 발주 업체가 평소 부실했고 사장 자체가 사기성이 농후한 사람이라는 소문이 난 업체라면, 또 그 사장이 어디서 물주를 물고 들어 왔다는 소문이 있는 업체라면 더더욱 주의해야 한다.

수주를 할 경우에는 어음을 순차적으로 받아 결제되는 것 봐가며 그에 맞춰 납품을 하는 거래 방식을 취하는 것이 좋다. 그리고 발주처에서 납품 보증용 담보를 요구해 오는 경우라면 계약서에 해약 조건 및 담보 설정 무효 조건을 엄격하게 명문화하여 공증을 받아 놓는 것이 좋다.

아니면 타 담보 가치가 있는 것, 예를 들면, 유통 금지 표시가 들어간 견질 어음을 준다거나 하는 등 대치할 수 있는 방법을 찾아보는 것도 좋을 것이다. 믿을 만한 대기업체에서 담보를 요구한 경우라면 일단은 안심할 만하다.

대형 납품건이 들어왔을 때일수록 주의의 촉각을 곤두세워야만 한다. 이익에 눈이 어두워 물불 못 가리고 바삐 돌아치면 곤란하다.

우연히 날아든 꿩 한 마리 급히 잡아 먹으려다가 기둥 뿌리 부러뜨리는 우는 범하지 말아야 한다.

지명도를 높일 수 있는
공사 등의 수주

　국제 회의 이벤트, 생산성 향상 기계 제작, 오물 처리 엔지니어링, 건축 설계, 경영 컨설팅 등 수주 실적의 다과보다는 사회적 지명도의 높고 낮음이 규모의 크기를 좌우하는 5~6인 회사라면 이런 차원의 발주를 받기 위한 마케팅에 중점을 두어야 한다.

　그러나 더더욱 중요한 것은 그 수주한 일감을 완벽하게 처리하여 의뢰 업체나 기관의 만족을 얻어내야만 발전의 계기를 마련할 수 있다는 것이다.

　바꿔 말한다면, 사회적으로 권위 있는 업체의 발주를 제대로 소화해 내지 못한다면 발전의 계기를 잡기는커녕 기존의 지명도조차도 희석되고 말 위험성이 다분하다는 것이다.

　따라서 이런 종류의 수주에 함부로 달려들기보다는 자체 역량의 축적에 심혈을 기울여야만 한다.

　즉 발전의 계기라는 생각이 들더라도 완벽하게 처리할 자신이 없으면 오히려 그 기회를 떠나 보내는 것이 더 낫다는 얘기다.

　필요하다면 외국 업체와 제휴하여 그들의 노하우를 배우는 것도 좋은 방법이다.

매장의 확장 역시 훌륭한 발전의 계기

　어린이 완구, 의류, 가전 제품, 책자 등 판매 중심의 5~6인 회사라면 지속적으로 매장을 확대해 나가는 것이 발전의 제1조건이 된다.

　그리고 부도심권에 위치한 점포라면 도심권으로, 같은 도심권에서도 중심지로 계속 진입해야만 발전해 나갈 수 있다.

　물론 음식점 등이라면 대문의 모습이나 방향에 신경을 써야만 할 것이다. 돈이 들어오던 곳이 바뀌면, 들끓던 손님들의 발길이 멀어지는 경우도 없지않으니까 말이다.

대대적
광고 마케팅의 전개

5~6인 회사의 입장에서 보면 대량 광고의 전개는 사운을 걸고 감행할 수밖에 없는 대모험이다. 광고 한번 잘못 하다간 광고비에 대한 부담 때문에 회사의 자금 운용에 커다란 차질을 가져오기 때문이다.

일반적으로 광고 선전비는 매출액의 20% 선을 넘지 않아야 한다지만, 이 수준은 오랜 기간의 기업 활동을 통해 이미 영업 기반을 굳힌 대기업체들만 가능할 뿐이다. 조그만 업체에서는 빚을 내다가 승부수를 던지는 경우가 대부분이므로 이 수치는 그다지 큰 의미가 없다.

요사이 한창 주가를 올리고 있는 S안경만 해도 그렇다. 상당히 우수한 품질의 안경테를 만들었음에도 불구하고 소비자들의 인지도가 낮다는 이유로, 제 값도 받지 못한 채 그것도 소량으로 밖에 판매하지 못하는 설움을 겪어야만 했다.

이에 생각다 못한 김 사장은 품질에는 자신이 있었으므로 대대적인 광고를 전개하기로 결심을 굳히고 최대 광고 효과를 올릴 수 있는 15초짜리 광고 필름을 제작, 대대적인 TV 광고에 나섰다. 김 사장 입장에서는 여기서 실패하면 죽을 수밖에 없다는 목숨을 건 도박이었다.

광고가 한번 TV를 타고 나가자 눈 나쁜 사람들이 그렇게 많았나 싶을 정도로 전국 각지의 안경점에서 주문이 쇄도하기 시작했다.

미처 물건을 만들어 내기도 전에 안경테가 동나 버리기 일쑤였고, 3천 원도 받을까 말까 했던 똑같은 안경테가 1만 원에 내놓아도 불티 나게 팔려 나갔다. 따로 광고를 하지 않아도 그 후속 아이템들 역시 대량으로 판매되었다.

목숨을 건 광고 마케팅의 전개로 발판을 굳힌 좋은 예다.

비록 S안경사의 경우가 아니더라도, 일반 소비재 상품을 취급하는 5~6인 회사라면 누구나가 겪는 고민이 바로 이런 것이다. 소비자의 인지도가 낮으니 제 값도 못 받고, 유통 상인들에게 푸대접받기 일쑤다.

책, 액세서리, 완구, 문구, 카드, 의류들은 하나같이 똑같은 운명 속에서 헤매고 있는 상품들이다.

대대적인 광고 마케팅의 전개가 반드시 성공을 보장한다는 법은 없지만 적어도 소비재 업종에서 가장 빨리 도약의 발판을 마련할 수 있는 방법은 대대적인 광고밖에 없다.

현재의 아이템을 신중히 검토해서 한번 승부를 걸어 볼 만하다는 결론이 나오면 대대적인 광고를 해보는 것도 발전의 계기를 잡을 수 있는 좋은 방법이 될 것이다.

수출입의 적극적 전개
역시 도약의 발판

　이제 시야를 국외로 넓혀 보자. 외국에 5~6인 회사의 상품이나 서비스를 팔아도 보고, 또 외국의 우수한 상품이나 서비스를 국내에 수입해서 국내 시장에 팔아 보자는 것이다.

　수출하고 수입하는 것은 국내에서의 마케팅과 달라서 약간의 요령과 기술이 필요하다. 하지만, 그 요령과 기술을 익히고 활로만 제대로 찾아낸다면 제법 목돈을 만질 수 있는 마케팅 분야다.

　특히 비록 힘 쎈 나라들만 좋으라고 하는 WTO 체제긴 하지만, 그로 인한 세계 시장의 단일화 추세를 감안한다면 5~6인 규모의 사업체 들도 국제 무역에 신경을 써서, 변화하는 시장 상황에 하루라도 빨리 적응해 발전을 꾀해야만 할 것이다.

　실제로 스웨덴이나 덴마크, 노르웨이, 대만, 싱가폴 등지를 다녀 보면 손바닥만한 오피스텔에 사무실을 차려 놓고 두 명 내지 세 명이 모여 그곳에서 먹고 자면서 다국적 무역을 펼쳐 짭짤한 재미를 보고 있는 업체가 한 둘이 아니다.

　이들 나라 사람들이 이처럼 몇 안 되는 인원이 모여서 활달한 무역 비즈니스를 펼치며 여보란 듯이 잘 살아가고 있는 데는, 이렇다 할 자원도 없고 또 강대국 틈바구니에 끼어 언제

외환이 닥칠지 모르는 위험 속에서 무역과 같은 장사가 아니면 별다른 생활 방편이 있을 수 없었기 때문이다.

그들 나라 정부의 지혜로운 정책이 커다란 밑바탕이 되었다는 사실 또한 결코 빼놓을 수 없다. 말하자면 그들 정부는 국민들을 어떻게 유도해야만 자신들이 국민들을 먹여 살리는 부담을 지지 않고도 진정 국민들을 잘살 수 있게 하고, 또 장기적으로 국력을 신장시켜 나갈 수 있는지에 대한 지혜를 가지고 있는 것이다.

우선 그들 정부는 우리 나라 정부와 달리 사업하겠다고 나서는 사람들에게 될 수 있으면 인가니 허가니 하는 사업 제한 범위를 최대로 축소, 자유스럽게 사업자 등록증을 교부해 주었다. 사업장을 자기가 살고 있는 집으로 하겠다고 해도 전혀 차별을 두지 않았다. 자진하여 사업해서 돈 벌어 세금 내겠다고 나서는 사람에게 굳이 사업하지 말라고 말릴 이유가 하나도 없는 것이다.

또 그들 정부는 그 옛날부터 해외 여행 자유화 조치를 취해 일반 국민이건 기업하는 사람이건 자유스럽게 해외에 나가 견문을 넓힐 수 있도록 배려했다. 이와 아울러 비행기 요금도 자율화시켜 각 항공사의 손님 유치 경쟁으로 인한 항공 요금의 인하 효과를 유도했다.

또 우리 나라는 지금에 와서야 정보화 사회니 어쩌니 하면서 난리를 피우고 있지만, 그들 나라 정부는 미리부터 정보의 유료화 풍토를 조성, 수많은 군소 정보 서비스 업체들을 탄생하게 했고, 해외에 들고나는 기업가와 일반 국민들이 직접 경험한 생생한 정보들을 하나하나 정리해 나가는 전략적 포석도 소홀히 하지 않았다.

또 무역 업체 자격 요건도 크게 완화하여 누구라도 원하기만 하면 손쉽게 무역업에 종사할 수 있도록 했고, 공항이나 항구에서의 물품 검색, 선적 등 통관 절차도 간략하게 하여 수출입에 지장을 주지 않도록 배려했다. 또 상품 표준 규격을 세밀하고 엄격하게 정해 수입에 따른 별도의 검사나 승인을 받는 번거로움을 최소화시켰다.

한마디로 그들 나라 정부는 국민들이 무역해서 돈을 벌자고 나서는 데는 대폭적인 지원은 못해 주더라도 적어도 까다롭고 쓸데없는 규제만큼은 최대한 완화시키고 과감히 없애는 방향으로 정책을 펴온 것이다. 그 결과, 그들 나라 국민들이 자유스런 분위기 속에서 창의성을 발휘, 잘살게 된 원동력이 되었다고 할 수 있다.

우리 정부도 늦게나마 외환 관리법상의 외환 보유 및 송금 한도를 대폭 높이는 등 우리 기업들이 자유스럽고 활발한 무역을 펼칠 수 있도록 정책 기조를 바로 잡아 나가고는 있지만 아직도 타 무역 선진국들에 비하면 그 간섭의 도가 높다.

바로 이런 이유 때문에 한민족 고유의 창조성 발휘가 제대로 되지 않고 있는 것이다.

이의 시정을 다시 한번 촉구하면서 5~6인 회사의 수출입 마케팅과 관련된 사항 몇가지를 짚어 보기로 한다.

1. 수출, 이렇게 뚫은 작은 기업도 있다

세계 경제의 블록화와 중국, 인도네시아, 멕시코 등 후발 개도국 기업들의 저가 공세에 밀려 그래도 5~6인 회사가 쉽게 넘볼 수 있었던 경공업 제품들의 수출 길이 사실상 막혀 가고 있다.

대표적 수출 시장인 미국의 경우만을 보더라도 상공자원부의 통계에 의하면 86년 우리 나라 대미 총수출 물량 중 44.3%를 경공업 제품이 차지했었으나 최근에 들어서는 27.8%에 머물러 급격히 내리막길을 걷고 있는 것으로 나타나고 있다.

이에 따라 대우, 삼성물산, 효성물산, 현대종합상사, 쌍용 등 국내 종합상사들도 경공업 제품에 대한 수출을 사실상 포기하고 있는 실정이다.

이처럼 국내 경공업 제품들이 국제 경쟁력을 상실, 수출이 안 된다고는 하지만 그래도 번뜩이는 아이디어와 기술을 바탕으로 한 상품을 만들어 전세계를 상대로 돈을 벌고 있는 작지만 당찬 기업들이 아직까지는 많이 있다.

말하자면 그들에게는 수출 경쟁력이 떨어졌다느니, 후개발 도상국들의 추격이니 하는 것들은 기업을 하면서 겪게 되는 일상적인 문제로 밖에 여겨지지 않는 것이다.

작지만 당찬 기업들이 두꺼운 수출 시장의 벽을 어떻게 효과적으로 공략하고, 성공을 거두었는지 몇몇 사례를 중심으로 살펴봄으로써 우리 5~6인 회사가 수출로 도약할 수 있는 가능성을 적극 타진해 보고자 한다.

1) 이색 상품으로 세계 시장을 파고들다

아이디어가 번적번적 빛나기로 하면 홍콩, 대만, 중국인들이 유명하지만 우리 한국인들 역시 그들에게 조금도 뒤지지 않는다.

지금은 비록 후속 타자의 불발로 고생을 하고 있지만 주식 회사 알리앙스의 강영옥 사장은 건전지로 움직이는 자동 가위 하나로 한때 유럽, 미국, 일본에 70만 달러 어치를 수출한 적이 있는 사람이다. 그 자동 가위 한 개당 가격이 불과 50센트밖에 안 되는 것을 감안하면 그 물량이 엄청났음을 쉽게 알 수 있다.

또 백합사의 윤형중 사장은 일본 여인들의 전통 의상인 기모노를 일본에 70만 달러 어치나 수출했다. 그곳에서 한 벌에 4~5백만 엔에 팔리고 있다니까 그 품질이 얼마나 좋은지, 그리고 일본에서 얼마나 호평을 받고 있는지 가히 짐작하고도 남음이 있다. 마치 미국 사람이 한복을 만들어 우리 나라에 팔아먹는 형상이니 대단한 일이 아닐 수 없다.

또 국내에서도 히트를 친 바 있지만, 화인 종합상사의 최무웅 사장은 접으면 가방 모양, 펴면 테이블과 의자가 되고 여기에다 파라솔까지 장착할 수 있는 레저 테이블, 침대와 텐트를 하나로 합쳐 놓은 캠프 룸, 펴고 접는 게 자유자재인 휴대용 캐주얼 의자인 액션 체어 등 주로 레저용품을 개발했다. 이 상품으로 미국, 독일 등에서 특허를 획득, 85년에 1백50만 달러, 87년에 5백만 달러, 88년에는 700만 달러의 수출 실적을 올렸다.

또 한일 교역의 사장 강영웅은 15년 전부터 불교 신자들이 많은 일본에 가정에서 수양 도구로 사용되는 불상과 조상들의 위패를 모실 수 있는 불단을 만들어 93년 한 해만도 약 1천3백만 달러의 수출 실적을 올렸다.

유진 금속의 김준겸 사장은 선반이나 실링머신 등으로 쇠를 깎는 과정에서 나오는 허섭쓰레기에 불과한 쇠조각을 미세한 쇠가루로 가공하여 외국 자동차 브레이크 라이닝 제조 업체나 도료 제조 업체에 수출, 짭짤한 재미를 보고 있다.

또한, 우진 무역 상사의 당찬 여사장 고연호 씨는 그림 액자, 족자, 병풍 등 수공예품을 만들어 일본에 90% 정도 수출하고 나머지는 국내에서 판매하고 있다.

이 밖에도 종이로 만든 일회용 쌍안경, 대나무와 플라스틱을 재질로 한 어린이용 비행기, 던지면 떨어지지 않고 덜커덕 벽에 붙는 고무 자석으로 만든 불가사리, 어린이 야외 운동 기구인 캐치볼 등 수많은 기발한 아이디어 상품들이 오늘도 수출 전선의 실날 같은 틈새를 예리하게 파고들고 있다.

2). 품질 하나만은 세계 제일

우리 나라 재벌 기업들 대부분은 비싼 로열티를 주고 도입한 외국 기술을 사용해 대대적인 물량 공세로, 그것도 국내 가격과 수출 가격을 이중으로 매기는 이중 가격 정책을 펴고 있다. 하지만 규모는 작아도 품질의 고급화에 남다른 노력을 기울여 세계 시장에서 최고의 품질을 인정받는 중소 기업들이 의외로 많다. 그 예를 몇 가지 소개한다.

비록 종업원 150명으로 5~6인 회사 규모보다 30~40여 배나 큰 중견 기업의 예이기는 하지만, 경기도 성남시 상대원동 공단 내에 위치하고 있는 반포 텐트 사장 최규순 씨의 경우를 살펴보자.

70년 창업 이래 텐트 한 종류만을 생산해 오고 있는 그는 지속적으로 컴퓨터를 이용한 제품 설계, 어설픈 바느질 한 땀도 용납하지 않는 정성, 신제품의 지속적인 개발 등 품질 고급

화에 심혈을 기울여 품질 검사가 까다롭기로 유명한 일본의 텐트 시장을 60% 이상 점유하고 있다.

또 우리들의 귀에 낯선 이름이지만 주식회사 해안기계는 펌프 케이스에 관한 한 세계 최고의 품질을 자랑하며 수출 시장을 누비고 있으며, 정안금속은 세계 최고의 질레트 면도기와 쌍벽을 이룰 정도의 면도날을 생산, 수출하고 있다.

또한 종업원이 불과 20명인 J사의 사장 정해진 씨는 외국인들이 관심을 많이 갖는 식기만을 고집하며 크리스털 식기, 유백색 식기 등 고급 유리 식기를 생산하고 있다.

‘다이나스티’라는 자체 브랜드를 부착한 상품은 세계 유수의 식기 제조 업체들과 나란히 경쟁하여 년 1천5백만 달러의 수출 실적을 올리고 있다.

게다가 이 회사는 자체 생산 공장은 전혀 두지 않고 10여 개의 하청 업체와 긴밀한 협력 체제를 구축, 제품별로 특화시켜 생산하는 독특한 전략을 구사하고 있어 5~6인 회사에게 많은 힌트를 던져 준다.

2. 수입도 훌륭한 마케팅이고 발전책이다

한때 수입하는 사람은 매국노라는 잘못된 인식이 있었다. 부족한 물자는 수입하는 것이 당연한데도 말이다. 또 그렇게 애기하는 사람치고 외제 물품 하나도 사용하지 않는 사람이 없었다.

현재 우리 나라는 생필품의 70% 이상을 수입해서 사용하고 있다. 또 산업용 기자재의 87% 이상이 모두 외국 수입품이다. 핵심 부품은 95% 이상이 수입품이다. 어마어마한 실적의 종합 상사의 매출은 많은 부분이 수입 매출이다.

수입을 하면서 돈벌이를 하다 보면 진짜 우리의 상품을 크게 수출할 수 있는 기회도 찾아온다. 수입은 무조건 안 된다는 이상한 도덕 관념에 사로잡혀 있다가는 정작 수출은 한 건도 못하고 위축되고 만다. 수입할 것은 정확하게 수입해서 하나하나 배워 나가야만 한다. 이것이 지혜로운 방법이고, 진짜 발전할 수 있는 지름길이다.

수출도 그렇지만 수입 역시 어려운 작업이기는 마찬가지다. 수입할 때도 정보에 밝아야 한다. 즉 수입하고자 하는 아이템의 국내 수요 전망, 실제로 국내 어느 업체가 어느 나라로부터 각기 얼마만한 양을 수입하고 있는지를 체크해봐야 한다.

또 그 아이템의 시장 점유율은 얼마나 되는지, 또 그 아이템의 유통 과정은 어떻게 되는지, 수입 규제 품목인지 아닌지, 수입 관세는 얼마나 되는지, 수입 대상국의 통관 절차는 어떤지도 일일이 체크해 봐야만 한다.

3. 5~6인 회사의 수출입 마케팅을 위한 기초 작업

어떻게 돈을 벌었든 돈을 벌고 나면 다 그럴듯해 보이고, 또 멋있어 보이게 마련이다. 앞에서 간단히 소개한 기업인들도 멋있게만 보인다. 그렇지만 그들은 극히 소수의 성공자들일 뿐이다.

많은 기업인들이 수출입이라고 하는 것을 해보려다가 좌절도 겪었고, 또 어떤 경우에는 국내 브로커에게 농락당해 패가망신하기도 했다.

어떤 이는 수출 그 자체까지는 그런대로 치뤄냈는데 크레임

에 걸려 무역 거래법 위반으로 전과자라는 오명을 뒤집어쓰기
도 했다.

한마디로 말해서 수출입 마케팅은 국내 마케팅보다 무척 험
난하다. 위험도 많다. 제 값 받기도 힘들다. 또 한번 두드려서
되는 일도 아니다. 지속적으로 두드려야만 겨우 열리는 문이
다. 또 호기만 드높인다고 해서 되는 일이 절대 아니다. 현지
사정에 정통하고 그 쪽 관습에 철저히 적응해야만 겨우 가능
한 일이다. 노련한 정치인이 할 수 있는 일도 아니고 오직 기
업인만이 할 수 있는 일이다.

1) 우선 수출입 요령부터 익히자

5~6인 회사가 수출에 나서자면 우선 수출입 절차부터 알아
야 한다. 수출입 절차에 관한 참고 서적은 시중에 많이 나와
있다.

몇 가지만 예로 들면 「품목별 수출입 요령」, 「종합 무역 법
규집」, 「무역 서식 기재 요령」, 「수출입 업무 요람」 등이 대
표적인 것이고, 이외에도 무역 관련 잡지를 참조하거나 단기
코스의 무역 강좌를 수강하는 것도 한 방법이다.

2) 수출입 관련 정보에의 접근은 이렇게 하라

끈질긴 인터넷 검색을 통한 정보의 모색은 기본이고, 여기에
서는 돈이 적게 들어가는 접근 방법부터 모색해 보자.

우선 한국 무역 진흥 공사(KOTRA)를 사무실 드나들듯 친
숙하게 하자. 그 기관은 제법 쓸 만한 일을 많이 한다. 해외

시장 조사를 대행해 주기도 하고, 1년에 두 차례씩 중소 기업 상품 카다로그를 자체 해외 공관을 중심으로 배포하기도 하고, 유력 경제지에 우리의 신상품을 게재할 수 있도록 협조도 한다.

또 연회비를 내고 KOTRA 특별 회원이 되면 해외에 나가는 KOTRA 자체의 해외 광고 매체에 20~30%의 할인 가격으로 광고를 게재할 수 있도록 배려해 준다. KOTRA에서 매일 발행하는 일간 무역지에 게재되는 바이어 명부를 체크하는 것도 좋다.

또 고려 무역 등 전문 수출입 대행 업체와 친해 놓으면 여러 가지 수출입에 관련된 정보를 많이 접할 수 있다. 고려 무역에서는 작은 업체들을 위해 수출입도 대행해 주고 있다.

또 무역 대리점 협회나 무역 협회의 자료실에 가보면 외국 업체에 관한 자료도 많지만, 최신 상품 카다로그들이 잘 정리되어 있다.

휙 둘러보고 별것 아니군 하며 금방 나오지 말고 구석구석 살펴보면 의외의 정보를 얻을 수 있다.

그리고 일경 비즈니스, Money, Discovery, Venture, 엔터프리너, 아시안소시스 사의 상품 정보 책자 등 외국의 전문 잡지나 신문, 카다로그를 구독하는 것도 좋다. 그곳에는 바이어와 신상품 정보가 가득 들어 있다.

또 주한 외국 공관의 자료실이나 상무관실에 자주 들려 보자. 그곳 역시 최신 자료가 많다. 그리고 한국에 나와 있는 일본무역진흥회(JETRO)와 같은 각국의 무역 진흥 단체에도 많은 정보가 있다.

5~6인 회사,
전문회사로 키워나가자

 사람들이 살아가고 있는 세상이 그러하듯, 기업 세계 역시 흥망(興亡)과 성쇄(盛衰)가 거듭되는 변화무쌍한 세계다. 욱일승천의 기세로 확장에 확장을 거듭해 나가던 거대 기업이 하루아침에 부도를 내고 쓰러지기도 하고, 반대로 보잘것없던 기업이 여보란 듯이 우뚝 일어나 발전에 발전을 거듭하기도 한다.

 누가 뭐라고 하든, 기업의 생명은 타 기업과의 치열한 경쟁에서 이겨 많은 돈을 버는 데 있다. 이 원칙은 기업의 규모가 소위 30대 재벌이라고 일컬어질 만큼 크건 아니면 5~6인 규모의 초미니 기업이건 상관없이 적용된다.

 경쟁에서 이기는 가장 기본적이고도 최우선의 길은 소비자의 사랑을 지속적으로 받는 데 있다. 다양하고 개성적이며 어떤 면에서는 복잡하기조차 한 소비자들의 욕구를 바로 보지 못하여 그들의 사랑을 쟁취하지 못하는 기업의 앞날은 불을 보듯 뻔할 수밖에 없다.

 요즈음 우리 나라 대기업들은 21세기를 눈앞에 두고 멀어져만 가는 소비자들의 관심을 되돌리기 위해 새로운 차원의 활로 모색에 여념이 없다. 일종의 위기감을 뼈저리게 느끼고 있는 것이다.

즉 소비자들의 다양하고 개성적인 욕구에 발맞춰 나가기 위해 사업성이 뒤지는 부분을 과감하게 폐기해 버리고 신규 사업을 모색한다거나, 고용 인원의 대폭 삭감과 부서의 통폐합을 통하여 소수 정예화한다거나, 대 고객 이미지를 고양시키기 위해 이미지 통합 작업과 공익 캠페인을 활발히 벌인다거나, 목표 시장을 특정 소비 계층이나 특정 분야의 기업체로 좁혀 마케팅 역량을 결집시키는 등 다방면에 걸쳐 노력을 경주하고 있다.

그런데 이들 기업들의 노력을 가만히 살펴보면 일정한 방향성이 있음을 느낄 수 있다.

즉 거대 자본을 바탕으로 광고를 밀어붙이면 소비자들은 자연히 따라오게 마련이라든가, 고위층의 연줄을 타고 납품권을 따내면 되는 것이 아니냐는 식의 구태의연한 발상에서 벗어나, 기업의 체질을 특정 부문으로 전문화시켜 경쟁력을 극대화하는 방향으로 노력을 기울이고 있는 것이다.

이와 같은 움직임은 새롭게 대두된 무한 경제 전쟁의 시대를 맞이하여 외국 기업들과의 경쟁에서 이기자면 최소한 기업의 체질을 전문화시키지 않으면 안 된다는 시대적 상황과 맞물려 더더욱 가속화될 것으로 예상된다.

대기업이 이렇게 바쁘게 전문화의 길로 나서고 있는 마당에 작은 기업은 더더욱 전문화되어야 한다. 전문화만이 발전할 수 있는 유일한 지름길이다.

기업이 전문화를 추구한다는 것은

를 도모하는 것이다.

이 전문화가 기업 문제의 출발이자 목표인 시대가 바야흐로 전개되고 있다.

실제로 중소기업은행이 30년 이상을 버텨 온 중소 기업 137개를 대상으로 중소 기업이 장수하는 요인이 어디에 있는가를 조사한 바에 의하면, 창업 후 한 업종만을 고집하고 있는 기업이 86%인 118개에 달했고, 나머지 기업 19개도 같은 분야에서 아이템 한두 가지를 다각화시킨 형태의 전문화를 견지해 온 것으로 나타나고 있다.

이제 이와 같은 문제 의식을 갖고 5~6인 회사의 바람직한 발전 방향으로서의 전문화에 대해 업체별로 살펴보자.

1. 대중 소비재 유통 및 서비스 분야의 5~6인 회사라면

주로 점포 형태의 대중 소비재 유통 분야나 대중 서비스 분야의 5~6인 회사라면 우선 공략 타깃의 세분화에서부터 전문화를 꾀해야 한다.

그 동안의 대중 소비재 유통 업계의 모습을 보면 대형 백화점, 동대문 시장, 신림동 등지의 재래시장, 조그만 무역상, 오퍼상, 대리점, 구멍가게, 제법 내실 있는 도매상 등 근대적인 모습과 전근대적인 모습들이 혼재되어 왔다. 굳이 공략 타깃을 좁혀 전문화를 꾀하지 않더라도 그런대로 먹고 살 수 있었던 것이다.

그렇지만 90년대에 들어서면서 우루과이 라운드니, WTO니, 수출 부진이니, 신세대의 등장이니, 유통 시장 개방이니 하여 과거의 구태의연한 유통 포맷을 가지고는 더 이상 장사하기가 어렵게 되었다.

말하자면 질적인 차원에서의 변신 없이는 경쟁에서 살아남기 어렵게 사업 환경이 급속도로 변해 가고 있는 것이다.

대표적으로 의류 유통 업계의 전문화를 보면, 한마디로 공략 타깃을 좁혀 「신세대를 잡아라」로 집약시킬 수 있다.

유행에 민감하면서도 자기 스타일을 추구하고 세련된 감성을 지니고 있으며 현재를 즐길 줄 아는 20~30대 초반의 남녀 대학생, 자유직 혹은 전문 직장인, 젊은 감각의 주부들이 그들이다.

이화여대 앞의 한 의류 매장에 가보면 신세대의 취향에 맞게 실내 공간을 넓게 하고, 장식도 흑백을 중심으로 꾸며 놓았다. 그곳에 진열된 옷들 또한 각기 독특한 스타일의 캐주얼 웨어가 주류를 이룬다.

백화점에서도 멋내기에 관심이 많은 남성 고객을 타깃으로 한 전용 매장을 마련, 그들이 좋아하는 색감인 분홍, 노랑 등으로 화려하게 프린팅된 옷들을 구비하고 있다.

백화점 측에서는 이들 신세대의 취향을 파악하기 위해 대학생 모니터 요원을 동원하여 조사 활동까지 벌였다고 한다.

또 음식점, 건강 교실 등 대중 서비스 분야의 추세도 공략 타깃을 좁히는 방향으로 가고 있다. 중년층을 상대로 한두 가지 메뉴만을 판매하는 전문 음식점을 필두로 어린이를 대상으로 한 피자 전문점까지 하나같이 전문화 추세다.

커피 전문점, 팬시 전문점, 피부 미용 크리닉 등 역시 공략 타깃의 세분화에 바탕을 두고 탄생된 서비스 업체들이다.

이와 같이 공략 타깃을 좁혀 세분화시켜야만 그에 걸맞는 광고 기법과 마케팅 기법, 세련된 실내 장식 및 디스플레이, 치밀한 고객 관리 기법 등 보다 나은 아이디어가 떠오르게 된다.

또 프랜차이즈 마케팅 등 대규모 시스템 마케팅으로 나갈 수 있는 노하우도 축적할 수 있게 된다.

2. 일반 제조업 분야의 5~6인 회사라면

오퍼상과 같은 형태로 움직이다가 아니면 소규모 하청 공장으로 고생하다가 돈을 모아 사업의 꽃인 제조업 분야에 본격 진출하고자 하는 5~6인 회사라면 반드시 첨단 산업 분야가 아니라 할지라도 장기적으로 우리 나라 산업을 주도해 나갈 것으로 예상되는 주요 산업 분야를 면밀히 체크해 보아야 한다.

그런 뒤 그 분야에서 일정한 몫을 담당할 수 있고 또 자체 기술 노하우 축적이 가능한 전문 제조업 분야로 진출하는 것이 바람직하다.

이런 전문회사 방향도 좋다

1. 컴퓨터광(狂) 네 명이 모여

「소프트웨어 산업은 차세대를 리드하는 산업입니다. 소프트웨어를 하드웨어의 부속품 정도로 여겨서는 정보화 시대의 치열한 국제 경쟁에서 살아 남기 어렵다고 봅니다.」

올해로 7회를 맞는 한국 경제 신문사와 KTB가 공동 제정한 벤처 기업상에서 우수상을 획득한 주식회사 다우기술 대표이사 김상래 씨의 강변이다.

다우기술은 국내 컴퓨터 산업의 취약한 부분인 소프트웨어 산업에 뛰어들어 미국과 일본에 의존해 온 멀티미디어용 칩세트 및 시스템을 국산화하여 성공한 기업이다.

지난 86년 현 대표이사 김상래 씨 등 네 명의 컴퓨터광들이 모여 창업한 이 회사는 창업한 지 7년만에 매출액 1백90억 원, 직원 수 1백70여 명 규모의 기업으로 발전, 성공한 벤처 기업의 전형을 보여 주고 있다.

이 회사는 창업 첫해에 선마이크로시스템용 한글 유닉스를 일본의 ASCII사와 공동으로 개발하고 다음해인 87년 미국의 인포믹스 사로부터 RDBMS(관계형 데이터 베이스) 기술을 도입해 국내 최초로 한글 RDBMS를 개발, 발표하는 실적을 보였다.

또 1988년 한국 전자 통신 연구소와 상공부에 의해 각각 유망 중소 기업, 기술 집약형 중소 기업으로 지정돼 기술력을 인정받았고, 90년에는 행정 전산망 주전산기(TOLER- ANT)용 한글 인포믹스 제품의 설치를 완료하기도 했다.

또 같은 해에 386PC 유닉스용 LPI군볼을 한글화했고, 이어 한글/한자 스포레드쉬트를 완성시키는 기술력을 자랑하고 있다. 이것 이외에도 91년에 들어서는 한글 VGA보드 등을 개발해 냈고, 92년에는 주식회사 옴니테크를 합병하여 하드웨어 관련 기술의 축적에도 나서는 등 활발한 움직임을 보이고 있다.

현재의 주종 생산품은 한글 RDBMS와 컴퓨터 화면으로 TV를 수신할 수 있도록 한 옴니비전 TV 카드, 그리고 그래픽을 고속 처리할 수 있는 기능을 가진 ACCEL 등이다.

전 직원 중 약 40명이 연구원이고 매출액의 10% 이상을 연구 개에 투자하고 있는 다우기술의 김 사장은 올 매출 목표를 3백억 원 정도로 잡고 있다. 기술력으로 성공한 대표적인 기업이다.

2. 상품 디자인이라면 우리에게

「디자인을 하는 사람들은 대부분 그렇겠지만 저도 학교 다닐 때부터 독립 사업체를 운영하려고 했습니다. 풍부한 대인 관계와 사회 경험을 위해 대기업에 입사하여 2년 정도 샐러리맨 생활을 했습니다. 독립에 좀더 결정적인 계기가 있었다고 한다면 직장 생활에서는 더 이상 저의 호기심을 자극할 만한 새로운 것이 없어졌다는 점이었습니다.」

서울대 미술대학을 졸업하고 금성사에 입사, 디자인실에서 2년 동안 일하다 다시 2년 반 동안 뉴욕으로 유학을 다녀온 후 주식회사 「212 디자인」을 차린 올해 35세의 은병수 사장의 회고담이다.

2년 반 정도의 유학 기간 동안 그는 학교 공부보다는 그곳의 문화와 그곳 사람들의 다양한 사고 방식을 느끼는 데 주력했고, 오피스텔 쇼룸 같은 곳을 찾아다니며 감각을 익혔다고 한다.

89년 2월 8일 귀국하여 12일에 사무실을 오픈하고 첫출발을 했다. 그래서 상호도 사업 개시일을 기념하기 위해 212 코리아로 명명했고 지금의 「212 디자인」으로 이어진 것이다.

주식회사 212 디자인은 라이터에서부터 자동차, 자기 부상 열차에 이르기까지 모든 제품을 디자인하고 있으며, 네 명이 모여 자본금 5천만 원으로 시작했던 것이 지난해에는 12억 원의 매출 실적을 올렸고, 올해에는 정부 사업 등 굵직한 수주를 받아 더 한층 발전의 전망을 다지고 있다.

「새로운 디자인을 시도할 때 업주 측에서 난색을 표명하는 경우도 많지만, 일단 제품화되어 시장에서 커다란 호응을 얻을 때는 모두들 만족해 하고 디자인하는 사람으로서도 큰 보람을 느낍니다.」

은병수 사장의 말이다.

세프라인, 웅진 코웨이 정수기, 한국 화장품, 삼성 그룹, 한일 스텐레스 등 유명 기업체에서 선보인 히트 상품들이 모두 212 디자인을 거친 상품임을 감안하면 212 디자인이 어느 정도 지명도를 갖고 있는 업체인지 쉽게 알 수 있다.

「해외 유수의 디자인 회사와 경쟁해야죠. 현대식 시설과 국제적 감각을 지닌 유능한 인재들이 모인 종합 디자인 회사를 만드는 것이 꿈입니다. 물론 요즘같이 개방 물결로 인해 국제 교류가 활발한 때에는 외국 디자이너들이 합류하는 것은 당연하다고 봅니다.」

　세계 문화의 축소판인 영화와 각국의 대중 잡지를 보면서 아이디어를 구상한다는 그의 앞으로의 목표는 「탈 한국, 세계 속 우뚝」 이다.